文化创意产业丛书

文化创意产品项目实训教程

主　编　黄言涛　姚　伟

副主编　李　程　王　晶

西安电子科技大学出版社

内容简介

本书将理论与实践相结合，简述了文化、文化创意等概念，对文化创意产品范畴进行了分类与界定，总结了文化创意产业发展现状与扶持政策，并介绍了编写团队的文化创意产品项目实操经验。

本书为高校教师、文化创意产业相关专业学生以及文化创意工作者提供了项目案例，为创新传承优秀传统文化探索了新途径，可作为文化创意产业相关专业教材使用。

图书在版编目(CIP)数据

文化创意产品项目实训教程/黄言涛,姚伟主编. —西安: 西安电子科技大学出版社,
2020.7(2022.11 重印)
ISBN 978 - 7 - 5606 - 5668 - 7

Ⅰ. ① 文… Ⅱ. ① 黄… ② 姚… Ⅲ. ① 文化产品－高等学校－教材 Ⅳ. ① G114

中国版本图书馆 CIP 数据核字(2020)第 075685 号

责任编辑 万晶晶 刘玉芳
出版发行 西安电子科技大学出版社(西安市太白南路2号)
电 话 (029)88202421 88201467 邮 编 710071
网 址 www.xduph.com 电子邮箱 xdupfxb001@163.com
经 销 新华书店
印刷单位 陕西天意印务有限责任公司
版 次 2020年7月第1版 2022年11月第2次印刷
开 本 787毫米×1092毫米 1/16 印 张 14.5
字 数 297千字
印 数 2001～4000册
定 价 65.00元
ISBN 978 - 7 - 5606 - 5668 - 7/G
XDUP 5970001 - 2
* * *如有印装问题可调换* * *

序 言 一

　　文化创意这个词，近年来一直热度不减。设计师、企业家、政府官员无不为之兴奋、激动、倾倒，无论是工业还是旅游服务业，无论是品牌塑造还是产品升级，无论是发达地区还是欠发达地区，也无论是发展势头良好的企业还是发展中遇到困难挑战的企业，文化创意，似乎都可以为之助一臂之力。文化创意和文化创意产业的炙手可热，引得无数社会精英为之献身。

　　当人们的生活越过温饱迈向小康，当纯物质已经不能满足人们对幸福生活的追求时，文化消费必然兴起。这种消费不仅表现在文化领域，如书籍、音乐、美术、戏剧、收藏等，而且会随着社会的进步渗透到几乎任何一个消费领域，直达社会活动的细枝末节。其中最广泛、最重要的显然是与生活密切相关的各种产品——产品不仅要能用，而且要好用、巧用；不仅实用，而且能用出美感、用出惊喜；不仅是用品，更是体验幸福生活的精品。这一切都需要通过别出心裁的文化创意来实现，而这也是当今中国经济发展和社会进步的重要动力。

　　为了顺应这种趋势，实现这一目标，培养文化创意人才显然刻不容缓。因此，由四川文化艺术学院、四川三江品源文化创意有限公司等7所高校的青年教师、两家企业的骨干为主体组成的团队凭着年轻人特有的敏锐洞察力和创意激情，加上难能可贵的社会责任感，编写了这本《文化创意产品项目实训教程》，为的就是探索一种以理论为指导，以实训为主体，强调实践的人才培养模式。他们希望这样的人才培养模式能够为社会提供既有坚实的基础理论，又有灵活的创意思维，既有策划创意能力，又有实践执行能力的复合型人才。

　　文化创意的核心价值在于文化。什么是文化，怎样理解文化，本书首先对此进行了深入研究、详尽阐述。文化作为人类创造的精神和物质文明的总和，其所包含的博大精深的内容值得我们终身学习和珍惜享用。文化是创意的源头，创意是文化魅力的延伸。

文化创意的前提和基础是人文精神的播撒和道德底线的坚守。有了这样的前提和基础，文化创意产业就能健康发展，能给我们的生活带来更多便利和精彩，从而获得回报。离开了这一点，片面地认为文化创意就是带来利益，甚至为此把文化创意和欺骗忽悠等同起来，使文化创意和文化创意产业功利化、庸俗化，这是对文化创意本身最大的误解和亵渎。

文化创意的源泉是创造性思维，这是一种基于自由和想象，有别于逻辑思维的发散性思维，是人类智慧的光芒。好的创意离不开逻辑思维的参与和论证，但是各种奇思妙想的产生却往往需要暂时抛开严密的逻辑推理，发挥人的想象力，开启发散思维的新模式，允许胡思乱想，包容异想天开，倡导头脑风暴，最终成就好的创意，创造出良好的文化创意产品。

而这些恰好是本书所要探讨和付诸实践的。

让我们呼吁，一切有志于文化创意产业和文化创意产品的人们联合起来，让合格的文化创意人才和优质的文化创意产品源源不断地涌现。

四川美术学院教授

于意大利苏莲托

2019 年 9 月 11 日

序言二

四川文化艺术学院成立于2001年（原四川音乐学院绵阳艺术学院），学校长期坚持与政府、企业、各高校联盟合作，共同办专业、开课程，建研究院和教产融合工作室以及跨专业融合课堂。通过校、政、企合作，创办文创产业园、创业园，形成了鲜明的办学特色，毕业生的就业率连续多年均在95％以上。四川文化艺术学院的相关专业已经把文化创意项目列入教学课程，并将其设置为专业课程，实行项目化教学。在项目教学过程中，文化创意项目团队的专业融合与实践实操能力以及持续发展需要达到年级交叉、专业合作的层面。学校在教学实践过程中，发现现有的相关教材、教程过多地注重理论研究，轻于实践，不能满足项目教学的需要。在耿纪朋先生提议下，潘昱州、薛林积极组织该校的教师专家团队发起教材编写工作，编写出了系列教材6部，由黄言涛、姚伟主编的《文化创意产品项目实训教程》是其中的一部。

文化创意产业一端连着"文化创意"，另一端连着"消费"，是以"创意"的产生、传播、消费为核心环节的一条文化价值链。文化创意产业竞争力有两层含义：一是文化创意市场上的竞争能力；二是传播或推行某种文化的能力。不管是哪一种竞争力，其来源都是文化产业或说是文化的产业化。文化产业化在源头上为满足消费者多方面的文化需求提供了保障。要通过加强文化产业化，逐步形成符合现代化产业扩大再生产需要的生产、流通、营销、分配、消费机制，转变经营和管理方式，建立保证文化创意产业正确导向、富有活力的微观运行机制，为生产提供多样化、个性化文化创意产品服务，从而提供专业化、规模化的产业组织结构保证。

2017年，我国创新驱动发展体系吐故纳新，催发出强劲活力：产业结构持续优化，供给侧结构性改革成效喜人，科技创新成效显著，设计创新日新月异，制度环境和政策法律体系保障有力，产业增长质量和效益明显提高，深度融合的开放创新局面逐渐形成，为新时代的创新革命积蓄了充沛势能。

创新驱动是国家命运所系，是世界大势所趋，是发展形势所迫。而设计则是创新驱动的关键一环。文化创意产业在国家这个环境里,在传承传统工艺的同时,也必然要适应社会发展的需要,进行设计创新。

《文化创意产品项目实训教程》立足于文化创意产业,着眼于文化创意项目的商业开发,以理论研究为基础,以项目实训为主导,为读者提供了文化创意项目开发的理论基础、政策研究、方法流程、案例分析等。全书分为七章:概述、文化创意产业的发展现状与政策分析、文化创意产品的范畴、区域文化元素的提取与创新、文化创意产品设计方法与流程、文化创意产品项目案例实训、文化创意产业的发展前景。

从实训的角度来讲,本书的亮点之一就是由黄言涛、姚伟负责编写的第六章"文化创意产品项目案例实训"。该章通过文化创意产品实际项目案例,深入分析了文化与创意设计相结合的实训效果。书中以"北川羌族自治县石椅羌寨饰品系列设计""平武白马藏族饰品设计""绵阳盐亭嫘祖文化图形图案设计""基于北川羌族建筑元素的香料挂坠系列设计""嫘祖文化的千年传承——'萌星小蚕宝'的前世今生设计"这5个教学实践项目作为实际案例,分别从选题背景、研究(设计)目的和意义、项目调研、创意过程、效果表达、工程分析等方面,进行了详细分析与阐述,归纳和总结了具体实训教学经验和教训,给文化创意产品实训项目教学提供了很好的可操作性案例。尤其是"嫘祖文化的千年传承——'萌星小蚕宝'的前世今生设计"这一案例,其嫘祖文化创意产品"萌星小蚕宝"的设计主要从嫘祖文化出发,对嫘祖文化进行了拓展衍生设计。依据嫘祖养蚕缫丝的传说,结合现代流行的表情包文化,特别创作了一套表情包,取名为"萌星小蚕宝"。在互联网时代,信息的传播十分迅速,要保护自己应有的权利就必须有一定的法律意识,防患于未然,提前对自己的产品申请法律保护,发现侵权及时对自己的权益进行维护。"萌星小蚕宝"表情包的知识产权登记是对创作公司应有权益的强力保护,为"萌星小蚕宝"表情包的后续发展减少了产权纠纷的麻烦,能够更快速地推动"萌星小蚕宝"表情包的衍生品发展和传播。"萌星小蚕宝"表情包根据腾讯微信、QQ 表情平台上线要求,将资料逐一完善,并成功上线,通过扫描二维码即可下载使用。

2011 至 2012 年,我应华中师范大学陈建宪教授之邀参与了《民俗文化与创意产业》的编撰工作,负责撰写第七章"民间工艺与文化产业"。《民俗文化与创意产业》力图以宏观与微观、理论与实践相结合的方式,从动漫、影视、游戏、歌节、旅游、广告等不同角度,解析民俗文化与创意产业之间的密切关系,总结已经成功的个案经验,为未来创意产业与民俗文化资源的联合发展提供理论上的借鉴;从民俗文化资源的现代转换角度,研究各种民俗文化元素在文化创意产业中的作用,考察传统基因在当代社会的功能转变过程、状态、优势、特点和规律性，探讨中国民俗文化的丰富资源在文化创意产业中的自觉运用。

时至 2019 年 8 月，我重新思考了文化创意产业理论的使用与教学实践证明，当时只是从文化产业理论方面，从文化的视角，甚至是单一的民俗文化方面，对当时中国文化产业发展历程予以了总结，具有一定的理论教学指导价值。但是其注重理论研究，而轻于实践。而《文化创意产品项目实训教程》则注重于实践、实训教学过程中的实际操作性，以设计视角弥补了针对文化创意项目解读与分析教材不足的问题。

我相信《文化创意产品项目实训教程》的出版以及今后在教学实践中的运用，将为文化创意产业人才的培训起到积极的作用。

是为序。

四川文化艺术学院　　柯小杰

2019 年 8 月于中国非物质文化遗产研究院

序言三

实业报国，产业兴国，文化强国。当文化"偶遇"产业之时，文化产业横空出世，便面临前所未有的大机遇，文化创意便迸发出惊人的力量，高素质文化产业创意人才的培养便被提到前所未有的高度。

百年大计，教育为本。教育要发展，人才是关键。人才成长，培养是关键。培养真人才，教材是基础。在产、学、研紧密结合的今天，教育教学要围绕"培养什么人、怎样培养人、为谁培养人"这三个根本问题；坚持守正创新、社会效益与经济效益相统一，实现"专业链与产业链、课程内容与职业标准、教学过程与生产过程"无缝对接。在这一过程中，教学改革势在必行。在如火如荼的教学改革中，改到深处是教学，改到难处是课程，改到痛处是教师。而实现教师、教材与教学的有效结合，发挥教书育人的最大功效则是教改的首要目标。好的教材就是实现这一首要目标的前提。正如作者在前言中所说，目前有关文化创意的教程不多，针对文化创意项目解读与分析的教程更是凤毛麟角，基于商业项目的教程屈指可数，能够把理论研究与实践实训结合起来的教程更是少之又少。教学改革的持续深入迫切需要适合一线教师使用、理论与实践有效结合的新教材，因此，可以说这本《文化创意产品项目实训教程》正是在这一迫切需要下的勇敢尝试。

《文化创意产品项目实训教程》是四川文化艺术学院产品设计专业教学团队在总结多年的教学改革经验的基础上编著而成的，是四川文化艺术学院项目化教学探索的惊艳之笔。其中，既有通俗的文化创意产品相关理论阐释，也有教学的大量成功案例剖析，更有教学成果直接产业化的平台展示。本书以理论研究为基础，以项目实训为主导，跳出单一教学的局限，融学校、工作室、企业于一体，融多所学校于一体，是教学团队、研究团队、产业团队集体智慧的结晶，体例完善，结构合理，有深度、广度、宽度和温度。

当然，由于专业差异所致，拜读书稿，只能折服于其理论、案例的分析，无法就专业知识给出合理化建议，实为一憾。但能够让"外行人"读懂，也许恰恰正是本书的又一大优势。

斯为序，不妥之处，敬请海涵。

己亥年壬申月拙笔于绵州

序 言 四

　　人类社会从刀耕火种时代到科技高度发达的今天，文化一直以来都是一个永恒的话题，贯穿了整个人类社会的发展进程。随着物质生活得到不断满足，人们对文化的需求愈来愈多元化，进而对现有的文化产品和服务提出了更高的要求。

　　互联网经济的高速发展、国外文化的不断入侵，对我国现有文化消费市场提出了严峻的挑战，大力发展文化产业、文化创意产业已迫在眉睫。最近几年，我国从中央到地方出台了一系列的扶持政策，设立了专项资金，为文化创意产业提供资金支持，推动我国文化创意产业进步。就目前我国的文化创意产业发展现状来说，取得了一定的成绩，但毋庸讳言，这些成绩离建立全面的文化创意产业体系尚有不小的距离。

　　首先，国内文化创意产业的兴起一方面是对传统产业机制、政策和运作的改变，另一方面也是对其缺乏文化性和创新性的批评。文化创意产业生产的产品不再是过去时代基本的物质必需品，而是更富于精神性、文化性、娱乐性、创意性的产品。随着人们生活水平的提高，对文化创意产品的要求越来越高，需求量也越来越大。在综合政策指示、市场需求、投资回报等诸多因素的作用下，我国的文化创意产业市场将迎来一个高速发展的爆发期。

　　其次，文化创意产业自身的特殊性决定了其发展离不开政策、市场、渠道、投融资平台等因素的共同介入，也就是说文化创意产业能健康、快速地发展需要建立一个完整的产业生态链，来提高整个产业的整合度。文化创意作为一种智力活动，是科学和艺术的综合，需要文化创意工作者具有相当的前瞻性和文化敏感性，能够恰如其分地设计创造出更贴近社会、贴近生活的产品。文化创意产业的发展同时也是对传统文化的传承和对科技创新的挑战。

　　在现今信息传播途径多样化的时代背景下，各个行业都遇到了巨大的压力和挑战，文化创意产业作为新兴产业，如何在复杂的市场环境下发展成为我国的支柱性产业，不仅需要从业者对此进行思考，也是各大高校培养文化创意人才时应该充分思考的问题。随着文化创意产业的不断发展，行业内竞争也愈演愈烈。在市场需求增幅爆发的态势下，产业升级迫在眉睫。文化创意产业的发展不能仅局限于行业本身，还应顺应行业趋势和市场需求，跨行业、跨领域融合发展，如文创＋农业、文创＋旅游、文创＋科技等。

文化创意产业的核心是创意，而创意的核心是人才。文化创意产业人才是跨领域、交叉型复合人才，如何培养创意类专业人才成为现今文化创意产业发展的核心。高等院校作为文化创意产业人才的输出方，其重要性不言而喻。培养高素质的文化创意人才，既需要具备较高的理论知识水平和丰富的社会实践经验的教师，也需要高等院校不断完善创意人才培养机制，同时要以理论为基础，与市场实践相结合。与此同时，创意人才的培养必须要有目标明确的总体规划，不能仅仅依赖于高等院校，还要充分整合社会各方面的资源，形成多部门、多行业、多层次联动的新机制，打造多样、完整、通畅的人才培养渠道。

作为一个文化从业者，与黄老师、姚老师及其团队的相识始于偶然也是必然。他们是绵阳高校乃至全川文化创意教学工作的先驱者、变革者以及践行者。他们积极整合各方资源，组织团队参加国内外各种学术论坛、活动及赛事，为此付出了大量的时间和艰辛的努力。由此不难看出，《文化创意产品项目实训教程》的成书，对其及团队而言，是水到渠成、顺理成章的事情。

粗浅之见不成体系，出版之际深表祝贺！

绵阳俊霖文化艺术广场有限公司

2019 年 8 月 16 日于绵阳

丛书编写委员会

前　言

在"文化大发展、大繁荣"时代引领下，在文化创意产业相关政策和措施的激励下，文化创意产业逐步繁荣和兴盛，文化创意产品日趋丰富，消费市场开始形成体系和产业链。消费者对文化创意产品的需求越来越高，并更加注重文化创意产品的内涵性和实用性，这对文化创意工作者的创新设计能力提出了巨大的挑战。随着市场对文化创意产品的需求越来越多元化，文化创意产业的人才需求呈现专业化、融合化、实战化的趋势，这也对高校的人才培养提出了更高的要求。高校培养的文化创意人才应具有文化与创意相结合的能力、理论与实践相结合的能力、学术与实操相结合的能力。

目前有关文化创意的教程不多，针对文化创意项目解读与分析的教程更是凤毛麟角，基于商业项目的也屈指可数。鉴于文化创意产业的迫切需求，相关高校的相关专业已经把文化创意项目列入课程，并发展成为专业方向。但与此相关的教程更多地注重理论研究，而轻于实践。为满足文化创意项目团队专业融合与提高实践实操能力以及持续发展的要求，在项目教学过程中，应做到年级交叉、专业合作。

本书立足于文化创意产业，着眼于文化创意项目的商业开发，以项目实训为主导，以理论研究为支撑，为读者提供了文化创意项目开发的理论基础、政策研究、方法流程、案例分析等。

本教程分为七章。第一章为概述，主要阐述了文化创意产业、文化创意产品、项目实训三个方面的内容，由黄言涛、杨文琦负责编写。第二章为文化创意产业的发展现状与政策分析，对国际、国内的文化创意产业发展以及区域政策支持做了解读，由黄言涛、邱富垚负责编写。第三章为文化创意产品的范畴，从消费者、管理者、设计者角度对文化创意产品设计范畴进行了分类，由黄言涛、王晶、尹洁负责编写。第四章为区域文化元素的提取与创新，是对区域文化的考察和调研后的成果汇总，由姚伟、龙程玥负责编写。第五章从文化创意产品设计基础理论、设计的一般流程、过程管理以及文化创意产品设计的重要环节这四个点切入，介绍了文化创意产品设计方法与流程，由李程负责编写。第六章为文化创意产品项目案例实训，利用文化创意产品实际项目案例，深入分析了文化与创意设计实训相结合的效果，由黄言涛、姚伟负责编写。第七章为文化创意产业的发展前景，分为宏观指导与政策引导、文化创意产业市场的形成两节，由黄言涛、王晶、杨文琦负责编写。

在本教程编写的过程中，感谢四川美术学院杨仁敏教授为本书撰写序言，感谢四川文化艺术学院柯小杰专家、绵阳师范学院潘昱州副教授、绵阳俊霖文化艺术广场有限公司陈俊霖经理的大力支持。感谢西南财经大学天府学院孟琴老师和李扬老师、西南科技大学城市学院徐健老师、四川传媒学院耿际鼎老师、绵阳俊霖文化艺术广场有限公司臧小磊先生为本教程提供相关素材。

由于文化创意产业正处于快速发展之中，加之编写时间有限，本书难免存在不足之处，诚恳欢迎读者批评指正。

编写组

2019 年 8 月于三江品源

目　　录

第一章　概述 ………………………（ 1 ）

第一节　文化创意产业 …………………（ 1 ）

一、文化 ……………………………（ 1 ）

二、文化创意及文化创意产业 ……（ 6 ）

三、文化创意产业的发展 …………（ 9 ）

第二节　文化创意产品 …………………（ 13 ）

一、文化创意产品的概念 …………（ 13 ）

二、文化创意产品政策引导简述 …（ 17 ）

三、文化创意产品设计人才储备 …（ 17 ）

第三节　项目实训 ………………………（ 18 ）

一、项目实训的概述 ………………（ 18 ）

二、项目实训的类型 ………………（ 19 ）

三、项目实训的作用 ………………（ 20 ）

四、项目实训的开展 ………………（ 26 ）

五、项目实训的成果 ………………（ 30 ）

思考题 ……………………………………（ 30 ）

第二章　文化创意产业的发展现状

　　　　与政策分析 ………………（ 31 ）

第一节　文化创意产业发展现状 ………（ 31 ）

一、国际文化创意产业发展现状

　　分析 …………………………（ 31 ）

二、港澳台文化创意产业发展现状

　　分析 …………………………（ 33 ）

三、北京市、上海市文化创意产业

　　发展的优势 …………………（ 34 ）

第二节　中国文化创意产业政策

　　　　分析 ……………………………（ 35 ）

一、国家层面文化创意产业政策

　　分析 …………………………（ 36 ）

二、北京市文化创意产业政策

　　分析 …………………………（ 40 ）

三、上海市文化创意产业政策

　　分析 …………………………（ 43 ）

四、四川省文化创意产业政策

　　分析 …………………………（ 45 ）

思考题 ……………………………………（ 47 ）

第三章　文化创意产品的范畴 ………（ 48 ）

第一节　文化创意产品的分类 …………（ 48 ）

一、旅游纪念品 ……………………（ 48 ）

二、动漫产品 ………………………（ 50 ）

三、影视音像 ………………………（ 52 ）

四、传媒出版 ………………………（ 53 ）

五、创意设计 ………………………（ 54 ）

六、工艺美术 ………………………（ 56 ）

七、书画艺术 ………………………（ 57 ）

第二节　文化创意产品的定位 …………（ 58 ）

一、消费者角度的文化创意产品 …（ 58 ）

二、管理者角度的文化创意产品 …（ 61 ）

三、设计者角度的文化创意产品 …（ 62 ）

四、创新角度的文化创意产品 ……（ 64 ）

思考题 ……………………………… （65）

第四章 区域文化元素的提取与
创新 …………………………… （66）

第一节 区域文化概述 ……………… （66）

一、区域文化的概念 ……………… （66）

二、区域文化的特点 ……………… （68）

三、区域文化的类别 ……………… （71）

第二节 区域文化元素提取 ………… （75）

一、区域文化元素提取原则 ……… （75）

二、区域文化元素提取方法 ……… （80）

三、区域文化元素提取案例

解析 …………………………… （83）

第三节 区域文化元素设计创新 …… （86）

一、区域文化元素创新原则 ……… （86）

二、区域文化元素创新方法 ……… （89）

三、区域文化元素设计创新案例

解析 …………………………… （93）

思考题 ……………………………… （94）

第五章 文化创意产品设计方法与
流程 …………………………… （95）

第一节 文化创意产品设计基础

理论 …………………………… （95）

一、文化创意产品的设计思维与

方法 …………………………… （95）

二、文化创意产品的造型 ………… （100）

三、文化创意产品的形态要素 …… （105）

四、文化创意产品的造型设计案例

分析 …………………………… （116）

第二节 文化创意产品设计的一般

流程 …………………………… （118）

一、项目确立与合作协议 ………… （118）

二、项目调研与客户沟通 ………… （119）

三、设计思维导图与设计方向

分析 …………………………… （122）

四、设计构思与设计表现 ………… （125）

五、样品制作 ……………………… （131）

六、产品量产 ……………………… （132）

七、包装设计 ……………………… （133）

八、营销策划 ……………………… （136）

九、市场反馈与再设计 …………… （137）

第三节 文化创意产品设计的过程

管理 …………………………… （137）

一、设计定位的管理 ……………… （138）

二、创意过程的管理 ……………… （138）

三、样品生产的管理 ……………… （138）

四、营销反馈的管理 ……………… （138）

第四节 文化创意产品设计的重要

环节 …………………………… （139）

一、文化内涵的体现 ……………… （139）

二、文化与创意的融合 …………… （139）

三、产品语意的传达 ……………… （139）

四、生活方式的引导 ……………… （139）

五、消费方式的引领 ……………… （140）

思考题 ……………………………… （140）

第六章 文化创意产品项目案例
实训 …………………………… （141）

第一节 北川羌族自治县石椅羌寨

饰品系列设计 ………………… （141）

一、选题背景 ……………………… （141）

二、研究目的和意义 ……………… （142）

三、项目调研 ……………………… （142）

四、创意过程 ……………………… （148）

五、效果表达 ……………………… （151）

六、工程分析 ……………………… （159）

七、产品展板与现场展示 ………… （162）

第二节 平武白马藏族饰品设计 …… （164）

一、选题背景 ……………………… （164）

二、研究目的和意义 ……………… （164）

三、项目调研 ……………………… （165）

四、创意方案与表达 ……………… （166）

五、样品制作 …………… （171）

六、产品展板与现场展示 ………… （172）

第三节 绵阳盐亭嫘祖文化图形图案

设计 ……………（175）

一、选题背景 ……………（175）

二、研究目的和意义 ……………（175）

三、项目调研 ……………（175）

四、设计思维导图 ……………（177）

五、图形图案设计 ……………（178）

六、图形图案的设计运用 …………（181）

七、项目委托书与项目成果 …………（182）

第四节 基于北川羌族建筑元素的

香料挂坠系列设计 …………（185）

一、选题背景 ……………（185）

二、设计目的和意义 ……………（185）

三、前期调研 ……………（185）

四、设计流程 ……………（188）

五、效果表达 ……………（189）

六、模型制作 ……………（193）

第五节 嫘祖文化的千年传承——

"萌星小蚕宝"的前世今生

设计 ……………（194）

一、嫘祖文化简述 ……………（194）

二、"萌星小蚕宝"表情包简介 ……（195）

三、知识产权登记 …………（203）

四、上线腾讯平台 …………（204）

思考题 …………（204）

第七章 文化创意产业的发展

前景 ……………（205）

第一节 宏观指导与政策引导 ………（205）

一、文化创意产业的中长期规划与

宏观政策指导 …………（205）

二、文化创意产业区域激励政策的

拟定与落实 …………（206）

第二节 文化创意产业市场的

形成 …………（206）

一、创作团队的融合 …………（206）

二、资金投、融资的导向 …………（207）

三、文化创意产业市场活力的

激发 …………（207）

四、拉动区域经济 …………（207）

五、配套产业的发展 …………（208）

六、产业链健康发展 …………（208）

七、跨界融合的发展 …………（208）

思考题 …………（209）

参考文献 …………（210）

第一章 概　述

文化创意产业以文化为基础，设计创作离不开对文化的理解和运用。文化具有强大的力量，在人类社会中，文化是保证社会正常运转的基础。我国文化资源丰富，物质文化遗产和非物质文化遗产作为优秀传统文化，体现了中华民族博大精深的文明历史和对人类文化的巨大贡献。文化创意产业的工作就是要推动我国传统文化的传承与发展，保护优秀传统文化不被时代淘汰。

国家对文化创意产业的发展越来越重视，也提供了许多扶持政策，但其在国内市场的发展仍不成熟，存在着许多问题。目前文化创意市场对人才的需求量巨大，而现在能达到要求者不多，因而，需要培养更多文化创意优秀人才，以满足企业、市场、社会的需求。

文化创意产品在满足大众日益提高的精神文化需求的同时，对现代文化的创新、对传统文化的传承发展也起到了相当重要的作用。通过文化创意产品对传统文化的创新发展，传统文化的受众面将逐步扩大，文化创意产品将带着地域传统文化走出地域限制，带着民族传统文化走向世界。自文化创意产业发展以来，国家为文化创意工作者提供了大量的扶持政策，为文化创意产业的蓬勃发展提供了良好的环境。

本章主要讲述文化创意产业的概念、发展现状和人才培养方式，文化创意产品的概念、价值、政策和人才储备，项目实训的类型和作用，以及项目实训团队的组建、运作方式、过程管理、激励政策、成果分享、评价体系和成果体现。通过本章的学习，读者可以了解文化创意产业的现状和未来发展目标，了解项目实训的重要性，提高参与文化创意产业和项目实训的积极性。

第一节　文化创意产业

一、文化

（一）文化的含义

文化创意产业以文化为基础，文化创意产品的设计创作离不开对文化的理解和运用。在新华词典里，"文化"有三种释义。第一种通常指人类在社会历史发展过程中所创造的物质财富和精神财富的总和，特指精神财富。第二种是考古学用语中，指同一个历史时期不以分布地点为转移的遗迹、遗物的综合体，其拥有同样的工具、用具，同样的制作技术等，是同一种文化的特征，如仰韶文化。第三种是指运用文字的能力和一般知识。

文化既包括世界观、人生观、价值观等具有意识形态性质的部分，又包括自然科学、技术、语言和文字等非意识形态的部分，是人类社会特有的现象。

"文"的本义是指交错的各色线条、花纹，《说文解字》称"文，错画也，象交叉"，即指此义；"化"，本义为改易、生成、造化，如《庄子·逍遥游》中"化而为鸟，其名曰鹏"。"文"与"化"并联使用，较早见于战国末年儒生编辑的《周易》："观乎天文，以察时变；观乎人文，以化成天下。"意思是：通过观察天象，来了解时序的变化；通过观察人类社会的各种现象，用教育感化的手段来治理天下。

西汉刘向将"文"与"化"二字联为一词，在《说苑·指武》中写道："圣人之治天下也，先文德而后武力。凡武之兴，为不服也。文化不改，然后加诛。"这里的"文化"与无教化的"质朴""野蛮"对举。因此，在汉语系统中，"文化"的本义就是"以文教化"，它表示对人行为的约束，对人的品格、仁德的培养，具有一定的功能性。随着时间的流变和空间的差异，"文化"逐渐成为一个内涵丰富、外延宽广的多维概念，成为众多学科探究、阐发、争鸣的对象。[①] 在日常生活中，我们常常能听到"文化"一词，比如形容别人是"文化人"，旅游时询问当地"文化"，但这两个语境中的"文化"分别代表了不同的意思。如果对文化的定义进行大致解读，有以下四种含义：

(1) 文化是人类创造的物质财富和精神财富的总和。这就是广义的"文化"。

(2) 文化在某些语言情境中指代的是"知识"。这里的文化是对所学知识的笼统概括，是最狭义的文化。

(3) 文化是人的素养、观念、思想的统称。有人讲我们不能"有知识没文化"，就是这层"文化"含义的使用。

(4) 文化是风俗、习惯、观念和规范形成的社会群体的生活方式或行为模式。

前面所提及的"文化人"可以理解为第(2)或第(3)种含义，而当地"文化"则可以理解为第(1)或第(4)种含义。

(二) 文化的分类

H. H. Stern(1992)根据文化的结构和范畴把文化分为广义和狭义两种概念。广义的文化即大写的文化(Culture with a big C)，一般指人类在历史发展过程中所创造的精神财富和物质财富的总和；狭义的文化即小写的文化(Culture with a small c)，指的是人类创造的文明(艺术、教育、科技等)、自身的情感等内容。

Hammerly(1982)把文化分为信息文化、行为文化和成就文化。信息文化指一般受教育本族语者所掌握的关于社会、地理、历史等知识；行为文化指人的生活方式、实际

---

①　罗钢.文化研究读本.北京：中国社会科学出版社，2000，电子版。

行为、态度、价值等，它是成功交际最重要的因素；成就文化是指艺术和文学成就，它是传统的文化概念。

"文化"一词在现有解释中有多种分类方法，如"二分说""三层次说""四层次说""文化结构"等。

1. 文化二分说

在对文化的多种解读中，最为简单、常见的，就是二分说，即将文化分为物质文化和精神文化。

物质文化是人类创造的物质产品，与人类的文明发展程度有关，在社会、经济、市场基础上显现。物质文化不单指"物质"，更重要的是强调一种文化或文明状态。物质文化通过特定的形态，被赋予一定的文化内涵、文化符号，传达不同的信息。

精神文化是指人类思想、观念范畴的文化，以抽象状态存在，通过物质载体传播。精神文化蕴含了人类在发展过程中形成的价值观、思想观、道德观等与时代联系紧密的世界观和方法论。儒家学说的"仁"，便是影响了我国千年的精神文化。孔子将"仁"作为最高的道德标准，通过孔子的传授，他的弟子把儒家学说的核心精神通过《论语》展现给世人，在各朝代中根据需求对《论语》有不同的解读，发挥着不同的作用。

2. 文化三层次说

文化的三层次说，将文化分为物质、制度、精神三层次，其中的物质文化内涵与二分说基本相同，只是将二分说的精神文化分为制度和精神两方面。

制度文化即人类在发展中约定俗成的、能够保证社会正常运转的方法论。

精神文化则特指在人的意识层面，通过经验积累形成的无形文化。

3. 文化四层次说

文化四层次说，将文化分为物质、制度、风俗习惯、思想与价值。

这里的物质指的是有形的物品，如日常使用物品；制度则代表着规范；风俗习惯指的是通过长期的积累和沉淀，潜移默化形成的一些特殊行为模式；思想与价值的"文化"被认为是在观念层面形成的、被社会认可的"道德"。

4. 文化结构

至于对文化的结构，也有很多不同的说法。一般把它分为物态文化、制度文化、行为文化、心态文化四个层次。

物态文化层是指人类的物质生产活动方式和产品的总和，是可触知的具体实在的事物，如最基本的衣、食、住、行等都属于物态文化层。

制度文化层是指人类在社会中逐步积累而建立起来的具有约束性的秩序，主要作用是规范自身和调节每个个体之间的关系，即"社会关系"和"语言符号"。

行为文化层是指人类在日常生活交际中约定俗成的习惯，具有地域特征。根据年龄以及性别的不同，行为文化也会有所差异，是一种集体的行为，即"风俗习惯"。

心态文化层是指人们的社会心理和社会的意识形态，包括人们的价值观念、审美情趣、思维方式以及由此而产生的文学艺术作品。这是文化的核心，也是文化的精华部分，即"精神"和"艺术"。

文化的分类还有六大子系统说，即物质、社会关系、精神、艺术、语言符号、风俗习惯。

（三）文化的功能

文化在发展中对一个人、一个群体，甚至一个国家的影响都是巨大的。文化的功能可以划分为以下三点。

（1）引导功能。文化是群体生活经验的积累，是通过不断地选择而被绝大多数人认同和接受的东西。一旦有了认同和接受文化的意识，人类就会根据这类文化衍生出的秩序和规范进行社会生产，这就意味着这种文化能够将人引导至一个方向。而且只要这种文化持续起作用，与文化相关的秩序也将继续发挥作用，继续引导人类社会的发展方向，这就是文化维持社会秩序的引导功能。

（2）传播功能。文化使人类积累的经验和文明找到了传承的载体，延续了人类发展历史，避免了社会发展的断层与知识断层，使人类文明在有限的条件内尽可能地长远发展。

（3）整合功能。文化的整合功能是指文化对协调群体成员的行动所发挥的作用。文化凝聚起一个团体，每位成员根据需要被分配到不同的工作岗位，团体对成员分工进行安排协调。文化是成员的沟通媒介，如果他们能够共享文化，那么他们就能够有效地沟通，消除隔阂、促成合作。

文化具有强大的力量。在人类社会中，文化是保证社会能够正常运转的基础。文化作为一种精神力量，能够在人们认识世界、改造世界的过程中转化为物质力量，对社会发展产生深刻的影响。这种影响，不仅表现在个人的成长经历中，而且表现在民族和国家的历史中。人类社会发展的历史证明，一个民族，物质上不能贫困，精神上也不能贫困，只有物质和精神都富有，才能自尊、自信、自强地屹立于世界民族之林。

（四）文化遗产

1. 文化遗产的分类

文化遗产可以简单地分为物质文化遗产和非物质文化遗产两类。

根据《保护世界文化和自然遗产公约》，物质文化遗产包括历史文物、历史建筑、人类文化遗址。具体包括：古遗址、古墓葬、古建筑、石窟寺、石刻、壁画、近现代重要史迹及代表性建筑等不可移动的文物；历史上各时代的重要实物、艺术品、文献、手稿、图书资料等可移动文物；以及在建筑式样、分布形式或与环境景色结合方面具有突出普遍价值的历史文化名城（街区、村镇）。

非物质文化遗产是指被各群体、团体、个人视为其文化遗产的各种实践、表演、表现形式、知识和技能及其有关的工具、实物、工艺品和文化场所。非物质文化遗产包括：口头传说和表述，包括作为非物质文化遗产媒介的语言；表演艺术；社会风俗、礼仪、节庆；有关自然界和宇宙的知识及实践；传统的手工艺技能等。

2. 文化遗产的保护

我国文化资源丰富且多样，物质文化遗产和非物质文化遗产作为优秀传统文化，体现了中华民族博大精深的文明历史和对人类文化的巨大贡献，而物质文化遗产和非物质文化遗产也是文化创意的不竭源泉。文化产业的一部分工作就是为我国优秀传统文化进行现代化创作，推动传统文化顺应潮流发展，保护优秀传统文化不被时代淘汰。

（1）物质文化遗产的保护。

2002 年公布施行的《中华人民共和国文物保护法》首次确立了文物工作贯彻"保护为主、抢救第一、合理利用、加强管理"的十六字方针，为之后的保护工作奠定了良好基础。通过《中华人民共和国文物保护法》对文物市场进行整顿，由此文物市场开始了健康发展的进程。从这一年开始，国家对文物的管理力度加大，对文物走私等行为进行了强力打击，很大程度上保护了文物的完整性。

2005 年至 2010 年，物质文化遗产保护水平快速提升。2005 年《国务院关于加强文化遗产保护的通知》（国发〔2005〕42 号）提出要着力解决物质文化保护面临的突出问题，首次将物质文化与文物保护相提并论。这意味着对物质文化的保护也成为国家的重点保护项目。物质文化遗产被国家、社会重视，有利于我国传统文化和文化载体能更完整地保存下来，为我国历史文化研究补充了大量资源。2010 年之后经济文化建设进入了新时期，物质文化遗产的保护范围扩大，物质文化遗产保护进入了新阶段。在这个阶段中，文物市场秩序、市场标准逐渐完善，标志着我国文物市场有了稳定发展的保障。

2013 年启动了《中华人民共和国文物保护法》的修订工作，并于 2013 年 6 月 29 日公布施行了修订后的《中华人民共和国文物保护法》。2017 年，再次修订了《中华人民共和国文物保护法》，并于 2017 年 11 月 5 日公布施行了新的《中华人民共和国文物保护法》。在新的保护法的第二章第八条中规定了"具有重大历史价值和革命意义的城市"，由"国务院公布为历史文化名城"，这一条例为保护城市的历史文化做出了明确指示，文物保护不再只限于物品的保护与传承，而是将具有历史沉淀的城市也容纳进来。

（2）非物质文化遗产的保护。

2003 年 10 月 17 日，联合国教科文组织第 32 届大会通过了《保护非物质文化遗产公约》，极大地推动了各国非物质文化遗产保护进程。2004 年我国加入了该公约，由此我国非物质文化遗产保护法律体系构建逐步走上正轨。我国拥有丰富的非物质文化遗产资源，而我国加入《保护非物质文化遗产公约》，表明了我国保护非物质文化遗产的决心。

2005 年至 2010 年，我国非物质文化遗产保护水平快速提升。2005 年 3 月，《国务院办公厅关于加强我国非物质文化遗产保护工作的意见》（国办发〔2005〕18 号）确立了"保护为主、抢救第一、合理利用、传承发展"的指导方针。但是该方针根据文化遗产各自的特性，又有不同的管理应对措施。非物质文化遗产在现代仍能让我们欣赏和研究，离不开一代代非遗传承人的竭力保护和大胆创新，所以传承和发展是非遗现存于世的核心。为了保持国家文化的历史性和多样性，将非物质文化遗产单纯地保存、记录下来不会让其得到良好的传承，反而会在这样的传承方式中逐渐消磨掉非遗的灵性。现代化的非遗传承应该让非物质文化遗产保持活性，不断进行创新发展，不断为其注入新鲜的活力。2005 年 12 月，国务院出台《关于加强文化遗产保护的通知》（国发〔2005〕42 号），指出了要积极推动非物质文化遗产的保护，开展普查工作保护计划，重点扶持少数民族的非物质文化遗产保护工作，并且提出要安排专项基金。非物质文化遗产不应该只是某个人、某个群体的文化，而是国家和整个社会的文化，是构成我国历史文化的一部分，少数民族的非物质文化遗产更是我国具有丰富多彩的传统文化的证明。

2011年2月，《中华人民共和国非物质文化遗产法》这一基本法的出台，有力地推动了非物质文化遗产的保护保存工作，非物质文化遗产保护进入了全面发展新阶段。

2014年5月，国家发展改革委办公厅、文化部办公厅《关于印发〈国家非物质文化遗产保护利用设施建设实施方案〉的通知》（发改办社会〔2014〕949号）为进一步改善我国非物质文化遗产传承所必需的设施条件指明了路径。

二、文化创意及文化创意产业

（一）文化创意的含义

文化创意是指多元文化与设计方面专业知识的融合，加上原创创意，以不同形式展现出来的一种文化现象。

文化创意的核心是"创意"，即通过自身的知识积累，将现有事物对自己的刺激转化为灵感，发挥出自身的创造力。"创意"是个人或者团队首创的，在此之前从未出现过的，在此之后出现就必须冠以自有标识的"新产品"。比如我国的汉字、京剧、武术等就属于原创，在今后的使用和欣赏中都打上了"中国"的标签。文化创意也可以是对一件事物的改造，以这件事物为主，对它进行创新发展，保留原来核心内涵的同时结合发展需要进行改造，比如故宫文化创意产品的开发和销售等。

（二）文化创意产业如何被认可

文化创意产业是以创意为核心，以知识产权和科技、文化为依托的产业。发展文化创意产业要注重创新性和知识性，从而增强产业的生命力，并形成产业链发展的主要推动力。

在发达地区的城市有着较多的创业人才、成熟的消费体系及产权市场，所以目前国内基本是一线或者新一线城市拥有更好的发展环境，对推动文化创意产业发展起着牵头作用。

如今，在网络发达的社会环境下，文化创意产业又产生了新的发展模式，出现了平民化和精确化的趋势。除了经验丰富的文化艺术家，普通青年人也能够成为文化创意产业的主力军。他们拥有优越的文化教育环境和超前思维，具有独创性，通过互联网相互交流，根据自己的想法不断提出新的观点和看法。这些新观点日积月累便成为创新文化的原材料，成为文化创意产业的活力来源。当然，除了利用信息时代下互联网带来的诸多便利，未来还需大力发展体验经济，使文化体验多样化。增强资源整合度，提升资源利用率，引入所需资源，以便于本土文化创意产业生根发展，避免为了取得最大化的利益，自我扩张占领资源，阻碍文化创意产业的进一步发展。

文化中心是中央明确的北京市"四个中心"定位之一。2018年6月29日，北京市政府新闻办发布了《北京市文化创意产业园区认定及规范管理办法（试行）》和《关于加快市级文化创意产业示范园区建设发展的意见》，并启动了首批北京市文化创意产业园区认定工作。北京市是我国众多推广文化创意产业发展的城市中走在前端的城市之一。党的十八大以来，北京市文化创意产业快速发展，成为北京市重要的经济支柱产业，有大批文化创意工作者正在北京市良好的文化创意产业环境中进行创作研究,文化创意产业园区已成为文化创意产业发展的重要载体。北京市的文化创意产业除了进行产品现代化创新外,还有一个重要的创新内容就是对我国传统文化的创新包装。近几年被大众熟知的"北京故宫文化创意"被文化创意工作者当成经典案例学习、借鉴,另一个同样成功的文化创意产品案例也不得不被提起,那就是台北故宫博物院。台湾的文化创意产业从2002年开始发展到现在,几乎融入生活、生产的各个方面。台湾凭借对中华文化的创意表达,一直在进行文化创意产品输出,台北故宫博物院的创意纪念品早已风靡世界。台湾的文化创意产品喜欢"走心",让消费者从产品包装设计、色彩设计等方面感受到一些"小心思"。台湾文化创意产业保留了我国传统文化的核心,将中国优秀传统文化创造性地通过各种形式展现出来。

在国家文化创意产业的推动下,四川文化创意产业也在蓬勃发展,但因受到地理位置、经济条件等因素的限制,产业整体发展并不是很理想。四川各地都在发展文化创意产业,但很多地区的发展都"不得章法",只有个别地区的文化创意产业有较完善的市场体系。四川省境内有丰富的旅游资源,各地都想打造自己特有的旅游文化,但在旅游文化创意产品开发时没有很好地抓住自身的特点,导致产品不能很好地展现当地旅游景区特色。同时景区的纪念品没有核心技术支持,很容易被复制。"想发展文化创意产业,但没有良好的发展途径",这不只是四川省发展文化创意产业的问题,也是很多地区的文化创意产业面临的问题。

(三) 文化创意产品设计中的文化

文化创意产品设计中的文化分为流行文化和传统文化两种,都是文化创意产品设计创作中文化内涵选取点和创意来源点。

流行文化即被广泛追求的文化。流行文化往往都具有时效性,这类文化创意产品进入市场快、生存期短,会随着流行文化的衰落而逐渐被市场淘汰。创作流行文化的文化创意产品要注重对发展阶段的把握,要明确该文化发展的鼎盛时期,把握好时间节点。

传统文化蕴含优秀文化历史,因此在创作过程中要注重对传统文化内涵的研究分析,准确把握文化核心,避免创新流于表面;同时要打造核心技术,避免创意被市场轻易复制的情况出现。

(四) 文化创意中的创新

文化创意产品设计的目的即为创新,文化创意中包含设计创意成分,其目的亦是创新。创新包含了初步创新到全新创新的过渡过程。文化创意产业的创新不应该只是停留在对文化产品的创新上,更应该将文化创意运用到日常生活中,对生活中的各种事物进行创新设计,满足人们对精神文化的需求,并推动国家文化软实力的全方面发展。

(五) 文化创意产业的价值

文化创意产业的价值主要体现为对文化的创新包装,即将具有民族特色的文化以现代化、大众喜爱的方式推广出来,达到传承的目的;或者对大众推崇的现代文化进行变形创作,融入潮流。同时,文化创意产业的价值也体现为对自身创意的具象化,即将符合时代、受益于大众的产品创作出来，满足大众的精神文化需求，推动人类精神财富的累积和发展。

文化创意的价值主要体现在以下五个方面。

1. 传播价值

文化创意与大众文化是相互作用的关系。文化创意对大众文化进行传播和创新发展，大众文化为文化创意提供社会反馈和准确数据，从而推动文化创意的升级发展。文化创意产业能将文化创意的社会效益和经济效益最大化，为文化创意主体提供不竭动力，并在潜移默化中影响使用文化创意产品的主体，让其主动传播大众文化。

2. 引导价值

文化创意将国家对传统文化的重视应用到实际中。将文化与创意相结合，既传承了优秀传统文化又促进了创意产业的形成。总之，文化创意的发展对文化自身的创新发展、社会进步都有着巨大的推动作用。文化创意为民众提供了更多的文化选择，文化创意工作者根据国家的文化发展方向，增强文化的趣味性和吸引力，使民众对文化产生兴趣，从而更加重视传统文化，增强民众的文化自信、民族自信。

3. 教育价值

文化创意教学的目的是吸引学生参与进来，深入思考，主动学习。文化创意教学作为文化服务产业，应该紧跟市场，根据市场需求调整教学模式，培养市场需要的人才，而不是培养等待被市场接纳的待业者。应试教育无法有效提升学生的创造力和想象力，只有激发学生学习的积极性，引导学生主动学习、主动思考，才能使学习生动起来。所以学校对参加文化创意项目学生的教育要更加注重兴趣培养，引导学生主动研究，使学生在文化创意教学中发现自己感兴趣的东西，愿意主动进行深层次的学习。文化产业的教育功能，主要是指在大众消费、使用、享受文化产品和文化活动时，能够受到主流思想观念和行为规范的影响，在是与非、对与错、善与恶、美与丑、真与假、好与坏等问题上形成正确的思想观念并作出正确的价值判断。文化产业还具有对内增强凝聚力、对外扩大影响力的积极作用。优秀的文化产品能激发出强大的文化认同感和民族自信心，从而增强民族的凝聚力；同时又能不断扩大和增强本国文化的传播力和影响力，树立起良好的国家形象，促进国家综合实力的提升。

4. 经济价值

文化创意是对文化的升华，可以为文化创造更多的经济价值。文化创意产业的兴起能够创造更多的物质财富，改善原有的自然环境与社会环境条件，从而更好地满足人们的物质需求与精神需求。

首先文化创意产业门类众多，产业链长，适合各种类型的企业、人群和资本的介入。文化创意产业既可以让拥有高新技术装备的现代化大型企业进一步发展，也可以接纳个体式的工作室或家庭式的生产作坊；既可以吸纳掌握高新科技的高端人才，也能满足有一技之长的普通劳动者的就业要求。其次，该产业经济回报率高，收益时间长。文化创意产业是艺术与技术相结合的产业，一旦受到人们的认可和追捧，就会产生较高的经济回报。另外，文化创意产业具有一次性投入、一次性研发、成果多次转化的特点。一个故事、一个人物形象，可以转化为出版物、影视作品、动漫游戏、舞台演出等一系列衍生品，成本不断分摊，在经济收益上产生叠加效应。

5. 传承价值

成功的文化创意可对传统文化进行"整容式"的改变。文化创意在保留传统文化内涵核心的基础上，对传统元素进行现代化创新，使传统文化发展成受大众喜爱、被大众追捧的"新"传统文化。这不仅有效地推广了我国的传统文化，还有利于传统文化的传承，为打造文化强国提供坚实的基础。

三、文化创意产业的发展

（一）文化创意产业释义

文化创意产业（Cultural and Creative Industries）是指以原创为核心，利用现有资源和技术对文化创意进行开发，利用知识产权的开发和运用，产生具有文化创意内涵的产品，形成具有活力和创新力的产业。

世界文化创意之父约翰·霍金斯（John Howkins）最先提出文化创意的概念，并解释说文化创意主要包括了版权产业、文化产业、休闲产业、知识产权和财富等方面。霍金斯认为建筑、艺术、工艺、设计、电影、音乐、出版、游戏、广播都是文化创意的门类，而这些门类的核心在于创意，其创意的核心又在于个人，原创及其当中的意义也是极为重要的组成部分。

他还谈到发展创意的过程，需要政府、商界和个人三个方面相结合，不能分开。一方面，政府必须设定发展框架，并且必须推行某些监管措施，还可以在多方面提供支持，比如在资金上的支持。另一方面，企业必须与政府合作，因为企业比政府更加了解自己的市场。①

文化产业、创意产业和文化创意产业都是我国现阶段发展速度较快的产业，但实际上大众对这三个产业真正含义的认识还比较模糊。

1. 文化创意产业与文化产业、创意产业的异同

我国文化产业、创意产业与文化创意产业三者间的内涵和分类相互联系，又有区别。

（1）文化产业。

2012年7月，国家统计局颁布并实施了文化产业新的分类统计标准。在这个统计标准中，"文化产业"被定义为"为社会公众提供文化产品和文化相关产品的生产活动的集合"。

文化产业是指生产和销售文化产品服务的产业，即以产业化（或商业化）的形式来进行文化的生产、交换和消费。② 文化产品的核心是"文化"，是能够传达思想、精神的产品。文化产品包括有形产品和服务两部分。

（2）创意产业。

创意产业的重点在于"创意"，是指将文化符号作为创作元素，加以知识产权和科技

---

① 2018-06-21，John Howkins 于成都"2018世界文化名城论坛——天府论坛"的演讲。

② 李思屈，李涛. 文化创意产业概论. 3版. 杭州：浙江大学出版社，2014：10.

的辅助，形成的产业。创意是逻辑思维、形象思维、逆向思维、发散思维、系统思维、模糊思维和直觉、灵感等多种认知方式综合运用的结果。①

创意产业最开始出现于英国，而后被推广到世界各地，各国根据自己国家的文化和特点对创意产业的概念进行了新的诠释。世界上对创意产业的理解主要分为"版权型""创意型""文化型"三种。其中美国注重版权问题，而英国更加注重创意，中国、韩国则更偏向于文化层面。

（3）文化创意产业。

随着社会的不断发展，文化创意产业的目标也开始由"满足人民大众日益增长的精神文化需求"转变为"不断满足人民日益增长的美好生活需要"。但是当前存在的较大问题是人民群众自身对于文化产业和创意产业之间的关系还不够了解，因此对文化创意产业产生了较为片面的理解，大多数人认为文化创意产业多为服务业，如版权业等。但实际上文化创意产业涵盖范围非常广，包括广播影视、动漫、音像、传媒、视觉艺术、表演艺术、工艺与设计、雕塑、环境艺术、广告装潢、软件和计算机服务、服装设计等方面。这种现象也从侧面反映出我国对文化创意产业的行业界定需要进一步完善。

被誉为创意产业之父的英国著名经济学家约翰·霍金斯将与知识产权（版权、专利、商标和设计）相关联的产业称为创意产业。他认为："所谓创意产品就是创造性的、具有经济价值的商品或服务项目。"总的来说，创意产品最起码享有知识产权中的一种主要形式（专利、版权、设计和商标）。

2. 文化创意产业与文化产业、创意产业的联系

文化创意产业、文化产业与创意产业三者都注重人的创造性对当代经济的重要作用，都是基于知识产权保护的产业，都是对传统文化产业的超越。

我们将文化产业定义为"为社会公众提供文化、娱乐产品和和服务的活动，以及与这些活动有关联的活动的集合"。根据这个定义，文化产业就必然与创意产业有所关联，但文化产业中一些相关产业与创意并不相关，如文具、玩具等产品的生产和销售，所以根据这一性质，文化产业、创意产业和文化创意产业三者的关系可以表示为图 1-1。

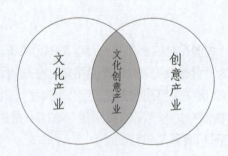

图 1-1   文化产业、创意产业、文化创意产业之间的关系

---

① 洛可可创新设计学院.产品设计思维.北京：电子工业出版社，2016：82.

（二）文化创意产业发展现状

文化创意产业随着国家的发展逐渐被重视，但在国内市场的发展仍然不成熟。文化创意产业的发展难题不仅来自于产业外部的误解，也体现在产业内部行业规范不统一、行业工作者对个人创意保护不当等方面。在国内，很多人对文化软实力的理解还局限于影视、电子网络等方面。因此要全面发展文化软实力，还必须发展我国的文化产业，将文化融入各行各业，以文化为资源进行创新性生产，才能更好地巩固我国文化强国的地位。

目前我国政府针对文化创意产业的发展出台了许多扶持政策，但文化创意产业的发展仍然存在着许多问题，一方面是区域发展不平衡，另一方面是文化创意产品的输出与市场需要存在较大矛盾。

现今我国文化创意产业的发展形成了两极分化趋势。我国经济发达的沿海地区以及新一线城市的文化创意产业发展较为成熟，并且行业内部规则体系也较为完善，为文化创意工作者提供了良好的创作环境。反观经济较为落后的地区，则文化创意产业发展落后，有的地区甚至才刚刚兴起文化创意产品的研发，而且行业内部剽窃、偷盗他人创意的现象也很多，造成了文化创意产业停滞不前。同时还有一部分文化创意工作者还处于"两眼一抹黑""为爱发电"的阶段，创作作品全凭自己对文化创意行业的喜爱，没有对国家政策与市场需求进行分析，就直接创作文化创意产品，最终导致创意效果不佳、产品滞销。这些情况不利于文化创意产业的健康发展，长此以往还会打击文化创意工作者的创作积极性，导致我国文化创意行业发展动力不足。

了解了我国文化创意发展现状后，再来分析对比一下在国外的文化创意产业。在国外，文化创意产业的主体都是以个体发展为主，画家、作家、艺术家等都是自由职业者。社会环境方面有利于文化创意产业的发展，比如鼓励创新，包容个性的、宽松的社会舆论环境就对文化创意产业的发展起到了积极的推动作用。这里以韩国的文化创意产业发展来举例说明。韩国动画产业之所以发达，是因为在韩国民间有无数的动画工作室，他们研发出动画，然后卖给大公司，前者负责创作，后者负责销售、包装、推广，前后之间相互联系、相互促进，形成了一种"隐形"的产业链。在韩国，很多艺术家生活穷困，但是一旦创作出了一个好的作品，就能"一夜暴富"，这就是"文化创意产业"的力量。当然在这里需要强调的是文化创意工作者个人的创造力与文化素养是整个文化创意产业链条上最关键的环节，是产业链条的基础。

（三）激励文化创意产业发展的政策概述

自党的十八大以来，以习近平同志为核心的党中央一直强调我国的文化发展要以文化自觉、自信和自立为基础。我国人民对文化的需求层次逐渐提升，国家推出了大量扶持的文化产业政策以满足人民需求。这些政策主要有：深化文化体制改革，促进社会经济发展和企业转型；牢牢把握社会主义先进文化前进方向，培育合格的文化市场主体。

一个国家的综合国力，不仅包括经济实力、技术实力、国防实力，还包括文化软实力。首先，随着经济全球化的不断蔓延，文化的经济效益已经逐渐开始显现，可以说当今世界各国都在大力发展文化，谁拥有了强大的文化软实力，谁就能在激烈的国际竞争中占据主动地位。中国作为社会主义国家，同时也是发展中国家，处于强大的国际竞争潮流中，因此必须提高自身文化软实力，逐渐缩小我国文化软实力与国际整体实力之间的差距，才能够在国际中占有一席之地。

其次，提高文化软实力，不仅能够提高中国在国际上的核心竞争力，同时也是全面建设小康社会的根本途径。当今社会，人们越来越重视文化生活，文化已成为人们生活中不可或缺的一部分，并且逐渐成为生活品质提高的一个标志。社会的进步，必然带动文化创意产品在人们心目中地位的提升，以及覆盖范围的扩大。这就需要各级领导牢记使命，通过政策扶持、政府号召等方式，营造城市文化氛围，拉动文化设施、文化区域的建设。现代化小康社会的实现，不仅需要富足的物质生活，更要兼顾经济、文化的全面发展，同时也需要丰富社会文化生活和人民的精神生活。

如今中国的文化发展水平相对于西方发达国家仍处于初级阶段，总体发展水平还不够高。人民的文化需求已经不满足于现有的文化供应。在全面建成小康社会的过程中，文化建设是一个重要部分，所以我国迫切需要进一步加大文化体制建设，不断提高国家的文化软实力。

（四）文化创意产业的人才培养

目前的文化创意市场对人才的需求量大，培养出文化创意优秀人才，满足社会需求，是教育机构应该重视的问题。但受我国教育体制的影响，我国青年对创意产业的理解不深，对文化创意原创方面的政策规定以及界限了解不多，导致部分学生在进行创新时不能够把握好借鉴的程度，影响了作品的整体效果；同时我国的教育体制也导致学生缺乏专业的创意训练。所以如何培养青年的创造力，如何为文化创意培养接班人成为我国文化创意产业发展的重要部分。

1. 义务教育阶段

目前我国义务教育阶段缺乏对文化创意的针对性指导，多是对学生进行"依葫芦画瓢"式的教学，缺乏改革创新。学生在教学中获得的知识只限于理论方面，在实践和运用上不能及时得到锻炼，不利于学生实操能力的培养。而过重的学习压力和过多的作业，导致学生学习期间没有空余时间进行兴趣培养，也没有精力进行创新、创造。

2. 高中教育阶段

高中教育历来都是最受重视的一个阶段，它关系着一个孩子的未来，因为学生们已经拥有了义务教育阶段积累的知识基础，并逐渐展现出自身的个性。针对这一特点，高中教育应提倡在教学的过程中，不要限制学生们的个性，让他们在个性、专长方面尽早发掘出潜力，找到自身的成长点。这将有利于学生将来作出合理的学业选择与职业规划，同时也为大学阶段创意人才的培养提供有力保障。

3. 大学教育阶段

大学教育在技术与理论教育的基础上着力培养学生的思维能力，进而为文化创意产业提供人才储备。大学是学子的天堂，各种思想在这里碰撞，或激情、或稳健、或新颖，因为这一时期的思想并没有经过社会的熏陶，是最纯真、最有力量的一个阶段。同时大学可以有很多的时间去学习并了解大千世界，这时就需要未来想从事文化创意工作的学生们要有强烈的求知欲望，去学习更多的知识，不断地充实自己。

大学教育阶段学生应重视知识面的广度,尽可能地全面了解感兴趣的事物,借助各平台、设施、资源来获取足够的信息,为正在进行的或者将要进行的文化创意提供足够的知识储备。

4. 研究生阶段

研究生教育在本科教育基础上培养高级专业人才,是高等教育结构中的最高层次。研究生教育有高层次性、专业性、探究性、创新性四个特征。学生通过大学阶段的探索和积累,发现自己的兴趣和长处,进行比较、选择后确定研究生阶段的学习方向,然后进行深入研究和探索。作为未来从事文化创意工作的研究生应该具有大量的知识储备,因为进行文化创意,不仅要有灵活的大脑,还要有丰富的知识内涵。在研究生阶段,随着知识的积累与沉淀,独立思考的能力也会增强,这将促使学生能够独立完成自己的研究。

从以上各学习阶段来看,不论是在义务教育阶段,还是在高等教育阶段,都应该注重学生创造能力的培养,不要压制学生的个性,而是要鼓励学生大胆创作,为文化创意产业培育大量的后备力量。

第二节　文化创意产品

一、文化创意产品的概念

(一) 什么是文化创意产品

文化创意产品是指文化创意工作者将自己的原创创意具象化并进行生产,从而获得利润的商品;也可以指文化创意工作者以某种文化为原型,对这种文化进行创新,将这种文化推向现代化市场,成为被大众所接受的商品。

文化创意产品在满足大众日益提高的精神文化需求的同时,对现代文化的创新和对传统文化的传承发展也起到了相当重要的作用。在现代文化创新方面,文化创意产品是时代潮流的产物,紧跟消费者的需求变化,因此将传统文化以文化创意产品的形式推向大众,不仅有助于延长优秀传统文化的生命力,而且能够推动整个社会文化创意产业的发展。在传统文化传承方面,文化创意产品将传统文化进行传承、创新、发展与展示,有利于加快我国文化输出,成就文化大国梦想。

台湾作为祖国的宝岛,文化创意事业发展令人耳目一新,例如台湾的"康熙胶带"等产品就引人注目。台北故宫的文化创意产品之所以能够独树一帜、风靡两岸,主要在于其将传统文化融入日常生活当中,将历史文化元素与现代生活用品相结合,让人们有一种跨越历史的文化体验。台湾文化创意产品主要营造的是文化氛围和传达出来的文化精神。台湾的文化创意工作者很注重强调产品个性,以及寻找独具差异性的产品,哪怕只做一个产品,也力求做精做强。好产品需要好的文化创意,更需要好的包装,台湾的文化创意产品包装也是精美绝伦的艺术品。对于产品包装,台湾的文化创意工作者从来不放过任何一个细节。而台湾文化创意产业之所以如此成功,不仅在于台湾的文化创意工作者对于设计工作认真的态度,还在于对中国传统文化的坚守、传承和创新。

日本的文化创意产品具有"动漫"和"爆品"特点。日本的文化创意产品受到大众的喜爱，关键的因素在于日本文化创意工作者用其严谨的工匠精神，秉承了文化与技术的传承，将文化、创意及科技完美地融入到日常的生活用品中去，形成了一件又一件让大众"趋之若鹜"的"爆品"。

韩国的文化创意产业发展得益于内需市场的拉动和外部"韩流"的持续扩散，以及行业积淀、政府支持。韩国本国文化市场有限，所以政府层面非常重视海外市场的开拓，再加上韩国发达的信息技术和基础设施，为文化创意产业的发展提供了扎实的基础。

（二）文化创意产品的设计点

现在的文化创意产品从设计方面划分，可以简单分为原创产品、半原创产品、贴图产品等。原创产品是指完全自创的产品，即从创意产生到成品完成都是"新"概念的产品。半原创产品是指借鉴一些素材，或者在某种元素的基础上进行二次创作产生的产品。贴图产品顾名思义就是以现有产品为载体，贴上装饰图案的简单设计。贴图产品中的装饰图案分为原创部分和拿来部分，如果稍不注意，便很容易产生版权纠纷等问题。一个优秀的原创文化创意产品，元素、色彩、造型都是不可或缺的要素。

1. 文化元素的提取和运用

文化创意产品的设计首先要对文化进行解读，再提取所需要的元素，这就要求设计者有一定的文化涵养，能对文化元素进行准确的理解，在设计产品时将提取出来的元素巧妙地融入进产品设计中。在对文化元素提取前，需要对该文化涵盖的资料进行详细、全面的收集与整理，使得提炼出来的文化元素能真正诠释该文化内涵，并且能巧妙运用到产品设计中，与产品功能贴合，不影响产品正常使用或产生违和感。

2. 色彩的运用

在对文化元素的色彩运用方面，可以直接提取文化元素原有的色彩，也可以根据社会流行趋势对色彩进行提纯，或者进行色彩搭配、重组。比如羌族的代表色为白、黑、红、蓝四色，在设计产品时可对羌族传统色彩进行提纯处理，或者根据产品的性质以及使用习惯，对此四色进行重组搭配，创新传统色彩搭配。除此之外，传统文化元素色彩可根据当下流行趋势，在产品设计中加以考虑与研究。

3. 造型设计

文化创意产品的造型、包装设计可以从传统元素中汲取线条，对线条进行提炼简化，或者进行一定程度的变形。根据产品功能并结合区域文化元素进行造型设计，使得设计出的文化创意产品兼具实用性和区域文化特色。

（三）文化创意产品的价值

文化创意产品的价值可以从使用价值、纪念价值、传播价值等方面体现。以使用价值为例，抽纸是大众日常生活的必备品，中顺洁柔纸业公司对一包抽纸中第一张纸的损坏问题进行了关注并寻求解决办法。设计者对产品重新进行了研究，对细节进行改造，重新设计了包装的开口设计，不仅解决了普通包装打开时易损坏第一张纸的问题，也提升了用户的使用体验。

对文化创意产品的纪念价值的开发，体现在文化内涵方面的挖掘上。以旅游区为例，将各个地域的文化元素与其对应地区的艺术风格进行融合作为文化创意内容，将一个方便、易携带的物品作为载体，把这个载体与文化内容进行结合，以特殊的工艺效果作为文化创意内容与产品载体的结合途径，就产生了能代表区域文化特色的文化创意产品。

文化创意产品的传播价值在于紧跟时代的发展步伐，避免陈旧与"低创"等情况出现。陈旧的文化创意产品只是披了一个创新的外壳，内里还是一成不变的复制、粘贴来的东西；而低创产品则是对产品的简单拼接，形成其他的"创意"产物。这两类文化创意产品的传播价值都很小，并且不利于文化创意产品市场的健康发展。所以，在文化创意的传播方面，虽然文化创意工作者要不断地推陈出新，但是绝不能为了抢占市场而随意地出新，应该创作好每一个文化创意产品，让文化的传播价值得到最大发挥。

（四）文化创意产品的作用

1. 有利于加速文化创意产业发展

文化创意产品与现代潮流的关系相当紧密，甚至有的优秀文化创意产品走在了潮流前沿，引领潮流发展。因此，文化创意产品的质量、种类、受众面等都能反映出文化创意产业的发展状况，也能反映出大众的精神文化需求状况。根据文化创意产品带来的反馈，文化创意工作者应及时掌握大众需求，及时更新产品，并推向市场，保持文化创意产业的发展活力。

我国文化创意产品重复率的高低反映了文化创意产业内对创意的保护程度，以及文化创意工作者保护自己创意产品的意识强弱等方面。文化创意产品的多样化、喷发式发展则说明了我国文化创意行业发展充满活力，发展前景好。

2. 有利于市场对个性化需求的满足

随着人们日益丰富的文化需求的增长，对市场上的文化创意产品要求也越来越高，人们不再满足于单一的、普遍的大众文化产品，而是转向具有独特内涵的个性产品。文化创意产品的"创意"就是对消费者求新、求异需求的满足。

随着80、90后工作者在社会上的占比越来越大，文化创意产品消费人群对产品的偏好也在逐渐改变。80、90后思维活跃，喜欢追求流行，对新事物的接受度强，这为文化创意产品提供了很好的发展环境。文化创意产品在不断地创新探索中了解大众，收集、整理消费者信息，不断对文化创意产品进行新的设计，再投入市场，为消费者提供称心合意的商品，促进文化创意市场蓬勃发展，形成良性循环。

3. 文化创意产品有利于文化输出

我国的文化历史悠久，且独树一帜。我国作为文化强国，文化输出有利于我国文化走向世界，可使我国文化被世界各国人民熟知，吸引更多人主动了解、学习中国文化。世界闻名的孔子学院（Confucius Institute）便是我国文化输出的一个成功案例。

孔子学院最重要的一项工作就是给世界各地的汉语学习者提供规范、权威的现代汉语教材和提供最正规、最专业的汉语教学渠道。2004年世界第一所孔子学院在韩国首尔设立。截至2018年12月31日，全球共建立了548所孔子学院，其中，在亚洲34国（地区）建立126所，非洲43国建立59所，欧洲41国建立182所，美洲24国建立160所，大洋洲5国建立21所。孔子课堂在83国（地区）共建立1193个（缅甸、瓦努阿图、格林纳达、莱索托、库克群岛、安道尔、欧盟只有课堂，没有学院），其中，在亚洲 22 国建立 114 个，非洲 18 国建立 41 个，欧洲 30 国建立 341 个，美洲 9 国建立 595 个，大洋洲 4 国建立 102 个。①

作为一个非营利性机构，孔子学院的宗旨是增进世界人民对中国语言和文化的了解，发展中国与其他国家的友好关系，促进世界文化多元发展，为构建和谐世界贡献力量。孔子学院秉承孔子"和为贵""和而不同"的理念，将我国语言文化推向世界，展示了我国对构建和平世界的期望。

虽然孔子学院对我国汉语言文化走向世界作出了巨大贡献，但是目前我国文化的输出途径还比较单一，很多优秀作品没有走出国门，只在国内受到部分关注。因此，目前我国文化创意产品不仅要满足我国大众的精神文化需求，还应该关注国际对文化创意产品的需求情况，加速我国优秀文化以文化创意产品的形式走出国门。

4. 有利于文化的传承与创新

文化创意产品的"文化"部分可以融入传统文化，将我国优秀传统文化元素与文化创意产品进行融合创新，利用文化创意产品受众广的优势，推动优秀传统文化进入市场，以吸引大众的关注。

例如，"茶木——三国皮影"文化创意产品设计（见图 1-2、图 1-3），展现了"茶烟一缕轻轻扬，搅动兰膏四座香"的茶文化。此产品插画以三国文化为基点，刻画了貂蝉与吕布以及周瑜与小乔的故事。其中的人物形象以皮影造型为根本，构成了独特的表现形式。此产品既展现了独特的文化内涵同时又兼具了现代时尚气息，使消费者可以在茶叶的沉淀下细细品味古代人的岁月足迹。

图 1-2　茶木——三国皮影（一）

（设计者：龙欣玥、谷姣、向欢；指导教师：李扬、孟琴；西南财经大学天府学院）

---

① 数据来源：孔子学院总部/国家汉办 http://www.hanban.edu.cn/.

图 1-3　茶木——三国皮影(二)

(设计者：龙欣玥、谷姣、向欢；指导教师：李扬、孟琴；西南财经大学天府学院)

通过文化创意产品对传统文化的创新发展，将传统文化的受众面扩大，带着地域传统文化走出了地域限制，带着民族传统文化走向世界。

二、文化创意产品政策引导简述

自文化创意产业发展以来，国家为文化机构及相关从业人员提供了大量的扶持政策，为文化创意产业的蓬勃发展提供了良好的环境。

国家财政部参与制定了《关于文化体制改革试点中支持文化产业发展的若干经济政策》《关于文化体制改革试点中经营性文化事业单位转制为企业的若干政策》等一系列涉及文化体制改革、促进文化创意产业发展的相关文件，并会同国家税务总局制定了财税〔2005〕1 号和财税〔2005〕2 号文件，对涉及文化创意产业的税收政策作了进一步调整与规范。

2007 年，财政部、中宣部、文化部、广电总局、新闻出版总署联合印发了《关于在文化体制改革中加强国有文化资产管理的通知》，明确了财政部门对国有文化资产的监管职责，同时明确了党委宣传部门、文化行政主管部门的相应职责，强调完善部门间协调机制，加强国有文化资产监管，实现管人、管事、管资产全面结合。

在保护文化遗产方面，财政部门支持实施了一系列旨在保护中华优秀传统文化的重点项目，如国家重点文物保护、大遗址保护、文物普查、非物质文化遗产保护、古籍保护、清史纂修、昆曲和重点京剧院团保护等。

三、文化创意产品设计人才储备

目前我国对文化创意产业的扶持政策逐渐加强，相关企业、行业的发展日趋完善。文化创意产业对文化创意产品设计人才的需求逐步加大，因此高校需进一步加大文化创意产品设计人才的培养，为企业和社会储备文化创意设计人才和管理人才。

高校可通过一系列有针对性的教学改革，利用高校学生要达到就业能力的需求，在人才培养上适当和企业进行合作，组建相应的团队，让项目进课堂，有针对性地进行人才培养。学生通过项目合作，学习相关专业知识，了解市场需求，完成从毕业到就业的对接，以便于日后更易于进入相关行业中从事文化创意产品设计工作。

高校在教学过程中，通过引进项目，校、政、企合作，针对就业目标对学生进行培养，为学生的就业提供更合适的途径，为国家和企业储备更合适的文化创意产品设计人才，这将会使我国的文化创意产业发展更为迅速，让我国的文化创意产业在国际上有更加突出的位置。

第三节　项目实训

一、项目实训的概述

项目实训是专业实践类课程改革的重要途径之一，也是教、产、研落地的途径之一，同时又是校、政、企合作的方式之一。项目实训是把项目引入课堂、引入专题、引入人才培养方案的方式，是检验学校专业人才培养的一种有效途径。如果把传统课堂界定为知识的传承，那么项目实训课堂就可以界定为知识的综合运用与升华。

项目实训与理论教学的结合是从课程改革开始的，逐渐地项目实训成为一门专业实践课程，然后融入专业人才培养计划。课程改革从教学改革开始，可以激发学生潜能，丰富教学形式，制定多样化考核标准。深化课程教学改革在一定程度上改变了学生作为纯粹接受知识和技能的角色，引导学生由被动学习转变为主动研究与思考。从最开始的课堂提问、讨论到实践，再到把实训项目课题融入到课堂教学，在这个过程中，要逐步弱化教师的单向授课占比，强化学生的参与度。

如果非得给项目实训下个定义，则可以定义为：以项目或专题为主题，以学生或学生团队的实际操作或运作为主要形式，学生主动完成项目的操作或运作过程、教师为项目辅导的课程教学形式。项目实训课程教学对于项目实训的过程和结果都要重视，教师承担项目辅导、项目把关、团队辅导、过程监控等多种角色。学生不仅要接受知识和技能，而且要学会如何把知识和技能熟练运用到项目中，满足客户的需求，而不是只满足于课程合格的需求。

在项目实训的过程中，教师要付出很多，不仅要完成备课任务，还要进行项目分析、客户需求解读、团队心理疏导及应急预案的制订。这样一来，可提高学生的参与度，学生从接手项目、与客户沟通到设计环节等都需要转变思维，从零做起，逐步提升自己的专业知识与技能。

在项目实训的初步尝试过程中，还会遇到很多阻力。首先就是来自教师的阻力。教师因为看不到希望的付出而导致无人主动参与，这就需要相应的鼓励政策和评价体系，才能激励教师主动参与。

其次是来自学生的阻力。积极参与的同学能勤勤恳恳地完成任务，而不愿积极参与的同学则舒舒服服地也能完成任务，这样的话，前者就变成学校的另类群体，会被嘲笑为"傻"。所以，对学生的激励政策、鼓励措施以及学风引导就变得尤为重要。对积极参与的同学要给予肯定；对徘徊不定的同学要正向引导；对安于现状的同学可以单独培养，亦可以说服教育。只有通过差异化的激励措施才能有效提升学生主动参与的积极性。

再者就是来自管理层的阻力。传统课程教学的一系列规章制度都是一成不变的，都已形成条文，按章办事即可。项目实训课程教学给管理者带来很多不便，对于安于现状的管理者来说，宁可一成不变，也不希望因制度的变动而给自己增加诸多事务。因此要增强管理人员的教学服务意识，明确教学的主体是教师和学生。管理人员要树立起自身的服务意识，为项目实训课程教学提供健全的管理体系。

最后就是来自学校层面的阻力。现代教育如果只是完成既定任务，把学生招进来，按部就班地完成教学任务，实现 100% 的毕业率和学位授予率的话，基层的教学改革势必寸步难行。一个合唱团，优秀的指挥很重要；一支军队，指挥员很重要；一所学校，校级层面是教育的指挥者，其采取的措施和态度直接决定了教学改革的成败。校级层面是教学方向的把控者，是教学风气的引导者，是教学改革的拥护者。

二、项目实训的类型

项目实训一般分为虚拟项目实训、赛事项目实训、科研项目实训、商业项目实训这四个层面。文化创意产品设计的项目实训亦是如此。

（一）虚拟项目实训

虚拟项目实训顾名思义就是虚设主题的项目实训，在课程项目实训过程中，教师或者教师团队拟定虚拟的任务，按照实训的流程完成任务。虚拟项目实训是课程教学改革初期比较常见的形式，依托课程教学班的学生即可形成项目团队，可以按照项目进展情况设定不同的结项要求，在一定程度上缓解刚开始把项目引入课堂所带来的压力和负担。

虚拟项目实训也可以作为一项真正的项目去对待，这时，虚拟项目就变成了概念设计任务、自主开发项目任务等真正的项目任务，对项目团队的要求就变成了商业项目的要求，结项要求也就变成了商业项目结项要求，指导教师的基本素质、市场眼光、全局意识等方面要求与商业项目要求一致。

（二）赛事项目实训

赛事项目实训是指以比赛、竞赛、展评等为主的项目实训，在课程教学中比较常见，在项目团队建设中也是重要的一个环节。在没有广泛客户资源的情况下，赛事项目是"练兵"的有效途径。根据赛事的项目要求，分解任务，解读创意方向，完成设计任务，交付稿件，是赛事项目的一般流程。

赛事项目实训中有无成果的硬性指标要求，即参与情况要求、获奖情况要求等，对赛事项目实训实施质量起着至关重要的作用。在没有成果硬性指标要求的情况下，赛事项目实训有时候就变成了改变课程教学的一个摆设，成为项目实训的说辞。学生也只是为了完成任务去完成任务，教师也是为了完成任务而去完成课程任务，这就偏离了项目实训原本的目的，继续打着项目实训的幌子进行传统教学。在有成果硬性指标要求的情况下，与商业实训项目相比，赛事项目实训大都是根据项目团队自己的思维和见解去完成项目主题要求的设计方案，然后参加创意点和设计表现大比拼，看谁符合项目要求。项目团队在创意设计环节至少是认真对待的，这对课程教学改革是十分有利的。

现在很多的赛事项目实际都融入了企业项目，即企业命题项目。项目团队可以通过带有企业命题项目的赛事项目实训，完成设计任务，缩小校、企差距，为承接商业项目打好基础，做好准备。

（三）科研项目实训

科研项目实训是指以科研课题为核心的项目实训，依托指导教师的科研项目进行项目实训，偏向于研究型。科研项目实训在目前的团队建设中比较常用，是获取项目的可行方式之一。通过科研项目实训可提升团队的学术水平、研究能力，以及团队的创作水平和团结协作能力。

科研项目实训都有明确的目标和要求，对于项目团队来说是一个实训的机会。项目团队通过科研项目实训，能够解读课题申报要求，分解课题任务，协同合作完成项目成果。科研项目实训引入课堂亦是学校层面比较受欢迎的事情，在完成科研课题的同时，可产生一批成果，一举两得。

（四）商业项目实训

商业项目实训是指以承接具体商业项目为主的项目实训，是与商业接轨的项目实训。商业项目实训与虚拟项目实训、赛事项目实训的区别在于它是项目实训的最高层，也是最实惠、最现实的一层。项目实训的最终目的是与社会需求接轨，实现商业项目产、学、研与校、政、企的有机结合，商业项目实训就是朝着这一最终目的而努力的。"最实惠"是指商业项目实训是有费用的，根据项目具体情况，要跟客户协商设计制作费用。"最现实"是指商业项目实训的过程和结果是否符合要求是由客户决定，而不是由项目指导教师或者项目团队决定的，完不成任务就要按照商业规则拟定的违约条款履行违约责任。

商业项目实训从商业项目洽谈、签署合作协议，到最终完成项目成果交付的全流程都与社会接轨。本书第五章所涉及的文化创意产品设计的一般流程就是从商业项目的文化创意产品设计流程展开，与一般意义上的产品设计流程有所区别。

商业项目实训的实现意味着课程教学改革与社会需求之间的差距越来越小，直至两者间完美对接，甚至超越了社会的需求。这个实现过程十分艰辛，且一波三折，学校、管理、教师、学生四个层面都要做好克服各种困难的准备。这个过程的实现对应用型人才的培养十分有利，对应专业的毕业生将会成为创新创意产业的排头兵，他们将为国家从制造大国到创新强国的转变注入新鲜血液。

三、项目实训的作用

项目实训对培养应用型人才的高校来说是检验培养水平的重要标准，是理论和技能用于实践的必经之路。如果学生在校期间不经历项目实训，在毕业后的实际工作中将会花费大量时间去适应工作岗位，学习如何将理论知识应用到实际工作中。在大学期间学生所经历的项目实训，等同于实习经验，是对自己负责，亦是对社会负责。

（一）项目实训对学生的作用

1. 有利用学生才华的展示

大学时代人的创新思维能力是最活跃的，创意方向也是丰富多彩的。项目实训给大学生提供了一个创新创意展示的舞台，将产生更多的创意设计，从而形成一个展示成果、交流经验的平台。

大学生存在懒惰和一些不良的生活习惯确实是现状，但是总有一些"不安分"的学生想"搞点事情"出来。正是有了这些"不安分"的学生，我们的创新创意产业才能延续。通过发挥这类学生的优点，对他们进行统一指导，激发其灵感，他们将开动大脑，产生无穷的创意。

2. 有利于培养学生的竞争意识

项目实训的过程是拉大学生之间差距的过程，让更适应项目运作的学生的能力得到施展，而不能适应项目运作的学生只能在原地踏步。通过项目实训可让学生改变自己，让中间徘徊、观望的一部分学生进入项目团队，另一部分则被淘汰。

有意识地拉大学生之间的差距不是为了制造差距，而是让一些勇于突破现状的学生团队有时间和空间来创作成果，有了成果和效益，进而激发更多的学生参与项目实训。如果不能保证首先加入团队的学生有充足的时间和空间进行创作，那么这一批学生会因为看不到希望而陆续退出。

3. 有利于学生社会经验的积累

社会经验是毕业生去找工作时很重要的一个条件，因为很多企业都愿意招聘熟手，而不是招聘生手。如何拥有社会经验是学生毕业前经常面对的问题，如果让学生提前拥有足够的社会经验，这个问题就迎刃而解了。项目实训的商业项目阶段就是很好地让学生拥有社会经验的途径之一。

4. 有利于学生成就的实现和荣誉的体现

通过项目实训产生的成果和成绩是项目团队奋斗来的成就，亦是个人成就、价值和荣誉的体现。拥有了成就和荣誉的学生个体就会带动更多的学生参与进来，起到了宣传、带头作用。拥有了成就和荣誉的学生个人或团队在今后的项目运作过程中会得到更大的支持与鼓励，进而创作出更多的成果。

学校很多奖项的评选都不是单独以成绩来确定资格的，而是有很多的附加条件。学生拥有项目实训参与证明、项目成果可给自己的评选资料增添很重要的筹码。在同等成绩水平条件下评比，科研成果、实训成果就显得尤为重要。

（二）项目实训对教师的作用

1. 实现教师多种角色的转换

在传统授课中，教师的角色主要是"传道"。而在项目实训中，教师的角色转变成多角色模式，团队建设、学业辅导、项目解读、过程管理、成果把控、沟通交流、资金分配、产权保护等都需要指导教师协助去完成，比起单纯的"教书"更加复杂，压力也大。在团队初创阶段，很容易出现付出与收获不成比例的窘境。

2. 实现教师知识面的拓展

在项目实训中，只依托于教材无法有效完成任务，而是需要指导教师了解与项目相关的方方面面。从最初的项目合作，到最终的成果交付，很多环节书本上是不能够体现的。以产品设计项目实训为例来说，在传统课堂中只要对创意方向、创意设计、效果表达、文案设计等有了解就可以了；但在商业实训过程中，教师还要了解项目合同、样品制作、二次设计、批量生产、包装设计、产权保护、营销推广、成果交付、工作量核算与补贴发放等环节。

3. 实现教师实战能力的提高

高校教师在经历了一段时间的授课之后，大都习惯安于现状，不敢面对商业项目挑战，只是安安稳稳地完成授课。项目实训的开展，会倒逼教师面对现实，弥补短板，适应社会，从而提升实战能力。跟高校项目组合作过的企业、政府机构都清楚，高校项目组的工作效率比较低，时间周期也比较长，究其原因，是项目指导教师欠缺实践能力，项目运作管理不合理，学生团队意识不到位。

纸上谈兵是我们经常用来形容没有经验的军队领导者的。其实高校纸上谈兵的事情也不少，例如，一些教师不懂商业运作，仅凭借多年的教书经验就运作商业项目，那么带出来的队伍将难以适应社会的需求，创作出来的作品与社会需求之间相差甚远。而项目实训有助于提升教师的实战能力。

4. 实现教师再创业的可能

在项目实训进展到一定程度时，项目指导教师可能会萌生形成自主品牌，开创自主实体的想法。高校教师再创业，对社会来说是件好事，有利于创新创意产业的全面发展。带有研究性质的项目运作更有利于原创事业的发展，更有利于参与项目的学生毕业后与社会的对接，从而产生商业效益。

5. 实现教师个人综合能力的提升

项目实训进入课堂的最终目的就是倒逼教师提升个人水平，从知识体系层面进行完善，从技能操作层面不断创新，从项目运作层面形成自我风格，从项目成果层面体现付出所带来的收获。教师的个人水平得到了提升，专业的整体水平自然而然就得到了提升，学校的办学质量才能够得到社会的认可。

(三) 项目实训对专业的作用

项目实训的开展对于专业建设来说意义重大，可促进专业建设，形成专业特色。项目实训对专业建设的作用有以下六个方面。

1. 促进项目实训教师团队建设

把专业教师分类是高校在进行改革时的一种方法，通常分为理论教师和实践教师。这种分法拉大了理论和实践的距离，不利于知识技能与项目实践的结合。通过项目实训可以有效地促进实训教师团队建设，通过不同的项目类型可构建不同的团队。

项目实训教师团队是围绕项目实训构建的教师团队，其构建涵盖了项目实训所需的理论知识、技法技能、创新思维、交叉学科、流程方法、市场运作、样品生产、包装设计、产权保护等多个层面，可以在专业内构建，亦可以跨专业构建。通过项目实训的运作，可使教师团队的构建越来越完善，项目运作效率和质量得到提升，以达到客户的需求。

2. 促进项目实训课程群体系建设

课程群体系建设是在项目实训运行过程中产生的。当现有的课程体系无法适应项目实训要求时，势必要构建一套符合项目实训的课程群体系。围绕项目实训的特定类型构建课程群体系，可确保项目团队的培养和新老成员的衔接。有项目实训经验的改革团队构建的课程群体系是立足于实践的，而不是换汤不换药的课程改革，需要对专业的课程进行全面清理，形成切实可行的课程群体系建设方案。

3. 促进应用型人才培养方案的改革

在教学团队和课程群体系建设的基础上，专业人才培养方案自然而然地就转变成应用型人才培养方案。从基层诱发的专业培养方案的转变，更贴近教师和学生实际，因而能够得到全面执行。其中一个诱发点就是项目实训的开展，在实践中发现不足，从而寻求改革方案。

一般情况下，人才培养方案的改革是从上而下的，就是顶层设计，基层执行。而在项目实训开展过程中诱发的人才培养方案的改革是自下而上的，即为了适应项目开展而进行的改革，比起自上而下的改革更具有执行力，更能调动教师参与的主动性和积极性。

4. 促进课程评价体系的完善

在专业的培养方案、课程体系、教师团队围绕项目实训建设完善的过程中，课程的评价体系也要跟着进行变革。课程评价体系的改革是为了适应项目实训的要求，改变单一的课程评价标准。在既往的评价过程中，注重学生的全面发展，要求每一项指标都能达到要求；在项目实训的评价过程中，每一位成员的任务点和工作量核算就显得尤为重要。

项目实训中发挥每个成员的特长，成员之间的优势互补将成为常态，那么每个成员就不必承担项目每个阶段的任务，而是完成自己负责的部分即可。如果分解任务，设定任务权重，综合核算学生成绩则成为指导教师的必修课。统一化的评价体系将打破完美的评价模式，多样化的评价体系、点面化的核算方式将成为新的方式。

5. 促进专业建设水平的提升

项目实训中的专业水平真正实现了专业教学与实践的结合，实现了高校教学与社会需求的结合。首先，通过项目实训，可获得企业和事业单位对本专业项目运作水平的认可，进而发展为对学生专业水平的认可；其次，项目成果得到转化和市场运作后，将获得社会大众的认可，专业也就被社会大众所熟知；再者，通过媒体推广，更多的消费者将了解和认识项目成果，拓展专业人脉，打造专业品牌；最后，通过与未进行项目实训的专业对比，更能让学生和教师发现项目实训带来的活力，更好地促进其他专业进行项目实训改革。

6. 促进毕业生专业对口就业率

众所周知，现在专业对口就业率比较低，究其原因，一是社会需求与毕业生要求之间存在差距；二是行业认识与专业认识存在差距；三是社会阅历与学识体系存在差距。这些原因汇在一起，可以总结为学校对专业人才的培养与社会对人才的需求之间存在着差距。如果坚持传统教学模式不改变，这个差距在某种程度上只会越来越大。社会对人才的需求是跟着社会发展而变化的，而学校对专业人才的培养如果没有鞭策基本上不会发展的。没有发展就是人才培养的倒退，没有发展就是需求差距的增大，没有发展就是时间的浪费。

通过项目实训，可让学生提前接触社会项目，了解社会需求，为就业做准备。项目实训的开展，对于大学生就业、创业十分有利，对于大学生就业的专业对口也十分有帮助。

（四）项目实训对学校的作用

1. 促进学校优势专业的建设

优势专业建设是每所学校都需要完成的任务，通过项目实训进行的优势专业建设是立足于实践的，不是纯学术水平的考量。在项目实训方面突出的专业会使学校名利双收，在学术水平方面突出的专业也会给学校带来名利双收。前者的名利双收是社会的名和商业的利；后者的名利双收是学术的名和数据的利。应用型人才培养中的优势专业是建立在服务社会的基础上的，能够彰显专业的商业价值尤为重要。学术圈的优势专业是研究型院校的优势，商业圈的优势专业是应用型院校的特色。

2. 提升学校服务地方经济的作用

如何让学校的专业更好地服务地方经济？专业教学和区域项目结合是有效途径之一。仅仅停留在结合层面是表象，符合对方需求才是本质。通过项目实训，可以让地方政府认可学校专业的培养，主动与学校相关专业进行项目合作，提升学校服务地方经济的作用。

3. 有利于学校形成良好的学风

为什么说项目实训可以形成良好的学风呢？当学校的重心转移到项目实训方面的时候，学生的重心也会围绕项目实训进行课程修读规划。在高年级学生的影响下，低年级学生也会积极地为能够参加项目实训而准备。当全校师生都在围着项目实训工作和学习的时候，就少了很多琐事，学校学风的建设不用三令五申，自己就会慢慢变好。

4. 强化管理层服务理念，提高管理效能

项目实训对管理层面的需求也会变得多样化，传统的排课方式和管理理念无法适应项目实训的要求，甚至是项目实训开展的绊脚石。比如很多院校常见的考勤制度要求按点上班按点下班，不然就会被点名批评，这就会对项目实训产生很大的阻碍。项目实训的时间节点是以客户的时间为准的，而不是教学计划中安排好的时间节点，与客户的时间约定才是项目执行的时间节点。这就会跟学校课程教学计划中提前做好的规划和执行过程产生矛盾。

项目实训在考勤制度、教学资料、过程监控、课程评价、成绩评定等多个层面对学校的管理制度提出了更高的要求。这时，管理层面的服务意识应适应项目实训的需要，而不是让项目实训适应学校管理的需要。管理层面的服务意识和服务质量将直接影响项目实训的有效开展。

5. 打破专业壁垒，实现专业融合

很多情况下，项目实训都是在本专业内运作，而实际上很多项目都需要多专业融

合，项目实训开展的过程亦是专业融合的过程。项目团队是跨专业形成的，应打破专业壁垒，发挥各个专业优势，形成多专业优势互补的局面。

项目团队的专业交叉、融合是建立在综合项目运作基础上的，如果没有综合项目的运作，各专业人员只是在自己的专业里"自娱自乐"。此时的专业交叉、融合只是表面上的，未能实际运作。

6. 有助于提升学校的知名度

项目实训的开展及其成果是学校办学水平最有力的体现，每年的毕业设计创作都是办学实力的展现。如果把毕业设计创作融入到每个学期或者每门课程中，这种实力的展现是长期的、持续的、延展的，而不是仅仅在短短的毕业季出现。

项目实训的顺利开展最终将促使学校组建有影响力的项目团队，搭建完整的课程群体系，完善应用型人才培养模式，创建优势应用型专业，进而在某一领域拥有话语权，提升学校的知名度。

（五）项目实训对社会的作用

1. 改变毕业就失业的尴尬局面

项目实训可以让学生在毕业前就适应社会就业的需求，改变学生毕业就失业的尴尬局面，为社会提供急需的人才。

2. 实现毕业和就业的无缝对接

校企差距是经常被讨论的话题，在如何缩小校企差距这一问题上，有多种见解。项目实训就是一个有效解决校企差距的办法。通过项目实训，学生在校期间就可以熟知行业的要求，熟知就业的要求，对于即将毕业的学生来说，就是换个环境继续做项目，实现了毕业和就业的无缝对接。

3. 营造校、政、企合作的氛围

校、政、企合作面临的最大问题就是各方的需求点和满足点不一致。政府的需求和企业的供求之间存在差距，企业的需求和学校的供求之间存在隔阂，政府的需求和学校的供求之间也存在鸿沟。政府会觉得企业提供的方案千篇一律，没有特色；企业会觉得学校提供的方案不具备执行力，效率低，质量不过关；政府会觉得学校提供的方案确实具有特色，但是不能提供全流程的服务，后续带来的问题更多。

出现这些问题的根本原因在于学校没有给学生适应社会的机会，而是仅仅让学生完成学业，或者是参与一些表面性工作。结果就是项目来了，不会做，执行不下去，或者干脆找不到项目。透过项目实训的开展过程，就会发现这些症结都存在于最根本的课程教学、团队建设的层面。从根本上解决这些问题，创建良好的项目实训氛围，才会慢慢让政府、企业认可，营造出校、政、企良好、有序合作的氛围。

4. 打开创新创业新局面

创新创业的开展离不开成熟的项目团队作为支撑。成熟的项目团队直接对接"双创"平台，就和企业团队一样，可以马上开展工作，保持高效状态。如果没有成熟的项目团队，入驻"双创"平台的团队一样要经历社会大学磨炼或者职业培训才能胜任商业项目运作。高校进行项目实训改革和成熟团队的搭建不仅仅有利于学校专业的发展，更有利

于为社会提供强有力的创新创业团队。

5. 实现政、用、产、学、研落地

政、用、产、学、研落地的最大障碍是人才的对接和团队的搭建。没有可用的人才、没有高效的团队，再好的项目也无法产生成果。项目实训专业团队的构建和成功运作是实现政、用、产、学、研的必要前提和保障。成熟的项目团队搭建和运作有利于政、用、产、学、研的顺利落地，有利于成果的快速呈现。

6. 引领市场潮流，引导消费观念

项目实训带来的项目成果转化成商品，将给市场注入新的活力，引领消费新潮流，引导消费新观念。原创产品的开发和生产过程是漫长的，成本是巨大的。学生在校期间的项目原创运作可以降低原创成本，提升原创力度，对于市场新产品的多样性可进行有效补充。

设计的核心是创新，设计的宗旨是引领生活方式。社会上的项目团队迫于生存压力，大量地进行快消品的设计和模仿，以及产品的局部改良。在高校历练过的项目团队带着既有成果就可以很快地从设计作品过渡到市场商品，很快实现资金回笼，对于后续项目研发起着重要的推动作用。

项目实训的开展和成熟的项目团队对社会的作用是巨大的，除了对口就业、快速融入社会，以及为各行各业提供人力资源之外，项目团队自身的品牌价值、原创动力、运作模式等将给政府行业机构和企业带来新活力，进一步促进企业项目创作模式改革，完善政府行业机构运作模式，为实现中华民族从制造大国到创造强国的转变积淀人才和力量。

四、项目实训的开展

项目实训的开展分为七个环节。每个环节都是重点，都需要时间的积淀和团队的磨合。

(一) 团队构建

项目实训开展最基础的条件就是构建项目团队。项目团队包括学生项目团队和教师项目团队。学生项目团队是项目任务的具体执行力量；教师项目团队是项目任务的过程管理和质量把控队伍。

学生项目团队的构建有三种方式：一是通过课程教学班的学生进行构建；二是通过导师制教学方式进行构建；三是通过项目工作室进行构建。教师项目团队的构建也有三种方式：一是由课程的任课教师构建；二是由导师制教学的导师或导师组构建；三是由项目工作室的主管教师队伍构建。

通过课程教学班构建的项目团队运作周期比较短，课程结束即宣告项目团队结束，项目开展时间段的选择比较依赖于课程教学安排的时间段。此时对应的项目指导教师就是课程的任课教师，一般情况下只有一人。这种方式在项目实训时不能有效地集思广益，项目过程管理模式类似于课程模式，难以产生高质量的项目成果。

通过导师制教学方式构建的项目团队时间周期较长，至少可以持续一个学期或者一

个学年，项目开展时间段的选择除了假期之外的时间都可以。此时对应的项目指导教师就是导师制教学的指导教师，一般情况下还是一人，也不排除有导师组存在的情况。项目开展有充足的时间，项目过程管理可以做到每周进展把控，基本上能够按照项目要求完成结项成果。项目团队中的部分成员会相对固定，对于项目开展和完善有一定的保障。对新成员的加入和老成员的退出控制至关重要，否则将会影响项目团队的执行效率。

通过项目工作室构建的项目团队的专业构建可以多元化，根据项目需要可进行多专业人员招募。如果项目团队的项目涉及专业能够抵消专业人员同等类型专业课程的话，则参与进来的成员就相对长期固定。拟定一个成员退出和新成员加入的流程和规范，以明确每一位项目组成员的任务量和职业规则，使其有一定的目标和压力。项目工作室的指导教师可以是一个人，也可以是一个团队。大家的目标一致，即策划属于本工作室特色的项目方案，完成本项目工作室承接的项目等。项目工作室可以说是学生团队的交流展示平台和能力展现舞台。

理想的项目实训团队根据项目类型招募适合此类项目运作的各专业学生，形成一个专业融合、优势互补的项目团队。项目团队成员按照项目团队的规则，淘汰不合格成员和考核新加入的成员；有经验的成员带动新成员尽快适应项目过程，弥补短板，达到项目运作的要求。

（二）项目对接

有了项目团队，就要有项目任务分配给团队成员去完成，不然团队成员就会无事可做，随时都有解散的危险。项目对接的渠道有很多种，比如大家一起虚拟一个主题，进行原创品牌开发；或者围绕某一赛事或科研课题进行创作等。只有在前期成果积累的基础上，才会有源源不断的商业项目主动找上门。

教师项目团队的主要任务就是寻找项目，然后分配给项目组成员去完成；学生项目团队在锻炼技能和拓展知识面的情况下，要商讨如何自主研发品牌项目、赛事项目、科研课题、企业项目等。项目的正常运作大约需要三个学期，运作完成后，练习的课题得到认可，赛事课题或科研课题获得一定成果，才会带来具有商业价值的项目。

（三）执行运作

在项目实训初期，团队项目比较少，一般都是所有成员围绕一个课题或项目进行创作。通过项目方案评比，选定要执行的方案。

在实际项目执行运作初期，会有很多的不适应，比如在价值观念、审美标准、创新原则、成本控制等诸多方面会有不同意见。从以自我为中心的设计理念转变成以他我为中心的设计理念，需要很长时间的历练和磨炼，方能快速适应项目节奏，找准项目出发点。

在项目实训成熟期，团队项目较多，项目执行需要分组分任务。每一个项目小组都要围绕着项目全流程的目标去完成，没有组与组之间的方案评比，但有小组内方案的选择与完善。

（四）过程管理

根据一般项目实训流程，过程管理有项目解读、创意方向、设计表达、效果呈现、样品制作、二次设计、量产把控、包装设计、产权保护、成品交付、市场反馈等环节需要重点管理。

项目解读管理是针对项目要求和设计元素的梳理，要与客户沟通设计方向，抓住设计关键点，引导项目组的设计方向。这是至关重要的，如果方向错误，再好的设计都将等于零。

设计过程管理中的创意方向、设计表达、效果呈现等环节，主要针对元素表达、设计细节与系列化、色彩方案、材质与工艺等虚拟呈现。这些环节设计中，与客户的要求吻合是关键点，在客户要求框架下寻求创新点是最辛苦的事情。

样品成品管理是在与客户达成设计方案之后，它包括样品制作、二次设计、量产把控等环节。设计效果与生产效果之间存在一定的差异，如何消除这些差异或者如何在差异之间寻求平衡点至关重要。材料与加工工艺的选择决定了样品和成品的质量。

包装设计管理是在确定样品生产方案之后进行的附加设计。很多客户会要求在产品设计完成的基础上附带包装设计。包装设计质量和风格同样影响产品的质量和档次。在节约成本的前提下，如何体现高水平的设计和高档次的展示也是项目组需要完成的任务之一。

产权保护是对原创的登记与保护，是声明产权的有力证据。产权保护一是对团队自主研发的原创作品、发明专利的登记与保护，二是对客户的原创作品和发明专利提供登记与保护服务。

产品交付与市场反馈管理是指在成品交付环节要做好交付，留存相关证据，以免后期产生不必要的麻烦。对于自主研发的产品或者是长期合作的项目，需注重消费者反馈的情况，特别是细节上的反馈，这对产品的升级换代至关重要。虽然，产品设计不能完全听从消费者的要求，但是消费者在购买和使用过程中产生的问题需要引起重视，比如产品安全、使用不便、语意传达不到位和价格定位不合理等问题。

（五）激励政策

激励政策是针对项目团队的教师和学生拟定的，其作用是激励参与项目的教师和学生进行项目开发和项目运作。

对于教师来说，教学工作量的倾斜、成果认定、评优评先的优先考虑等都是基础的激励方法。如果把项目运作和职称评定挂钩作为特定条件或者优先条件，就更能激发有实力的教师加入项目团队，可为项目运作营造一个良好环境。

对于学生来说，学分兑换政策的倾斜、成绩认定方面的鼓励、成果认定、评优评先的附加条件等都是比较容易实现的激励方法。在学分制体系较为成熟的院校，可以进行相关课程的免读认定或者提前修读完成学分的认定，这对于激励愿意出来做事的学生来说，更加具有诱惑力，更容易实现专业多元化团队的建设。

在有商业价值和利润的项目中，给予项目团队教师更多的自主分配权，让项目指导教师能够按照实际项目运作中贡献的积分量或者权重值合理分配利润，让学生能看到奋斗的目标，也是对学生付出的肯定。

在具有学术价值和科研成果的项目中，考评机制的分值奖励，是对项目团队的认可，更能激励教师创建出更多的项目团队，实现多团队、多项目、多成果、多产权的良好学习和实践氛围。

在虚拟项目或自主品牌研发的项目中，在产权保护层面给予便利和支持，给学校带来自主产权的同时，更能使项目团队强化自主产权保护意识，使其在后续的商业开发中，拥有更多的话语权。

（六）成果分享

项目成果分享的形式有很多种，比如展览、交流会、产品推介、自媒体推广等。项目成果分享的目的一是展示项目团队辛苦创作出来的成果，二是吸引更多的成员加入项目实训的队伍中来。

除了举办专题展览之外，还可以通过专业项目实训交流会分享项目实训成果，同行之间可以交流经验心得，拓展项目实训的专业参与面。打头阵的团队成员功不可没，但需要更多的成员参与进来，才能使项目实训保持新鲜活力，才能创造出更多的成果和价值。

（七）评价体系

项目实训的开展对评价体系的影响很大，无论是在学生成果评价层面，还是在教学成果的评价层面，甚至在专业建设成果、学校教学质量的评价等层面都会产生影响，促进评价体系朝着项目实训角度倾斜。

在学生成果评价方面，要从平时课程的一般化评价过程，转变为更加注重项目的参与度、任务承担量、项目完成质量、价值体现等标准的考量。项目成果的评价标准与传统课程的评价标准截然不同，它把产品细节、使用方式、成品价值、营销方案等都纳入了项目成果的评价体系。

在教学成果评价方面，除了既定的评价标准之外，团队运作情况、项目管理情况等都要纳入项目实训的评价体系。对教学成果的评价不能仅局限于课程教学情况的考察，而更多的是对项目执行过程和项目结果的考察。形式化的文字资料固然重要，实际成果的体现更加具体、直观、一目了然。

在专业建设评价方面，在完成人才培养方案拟定的同时，还要制定一套完整的项目实训计划，构建从入学到毕业的阶梯式团队建设方案和运作模式。并组建项目实训课程群体系、配套基础课程群体系和技法课程群体系。项目实训的顺利开展在一定程度上会促使专业人才培养方案进行系统化的改革。专业建设的评价体系从单一的人才培养方案角度评价转变为课程群建设、项目团队建设、项目成果展示、评价体系构建等多层面评价。

在学校评价层面，一般从学校毕业生的毕业质量、课程成果展示、教师授课水平、学生学习状态等角度来评价一所学校教学质量的高低。项目实训成功开展的院校，会给社会带来琳琅满目的项目成果展演，大家对学校的关注会从其他方面转移到项目成果上来，会期待更多成果的出现，从而对学校产生信任感和期待感，对学校的长远发展、对教学质量的提升具有积极引导意义。

五、项目实训的成果

项目实训带来的成果是多方面的,有些是短期见效的,有些是长期见效的。

通过项目实训的开展,促进学风建设,形成良好的学习氛围;激励专业应用型人才培养模式探索与实践,从而创建优势专业;促使课程教学改革,把理论与实践有机结合,激发学生学习和创作潜能,产生更多的成果;完善团队建设,以项目类型为基准,围绕项目开展组建多专业交叉、融合的项目团队;围绕项目运行,构建课程群体系,确保基础培养和项目运作两不误。

通过项目实训的开展,促进教学模式改革,促进学分制体系的构建与完善,促进项目团队建设和指导教师组项目制、工作室制建设;在完成高等教育基础教学要求的基础上,实现大众创业、万众创新,为市场注入源源不断的创新活力,为消费者呈现丰富多彩的消费选择,让原创作品走进千家万户。

思 考 题

1. 谈谈你对文化创意产业发展的设想与目标。
2. 调查了解当地文化创意产品开发情况。
3. 对于项目实训的开展,你们学校处在什么层面,如何有效地推进项目实训的开展?
4. 讨论一下设计类专业大学生应该具备的能力与素质。

第二章　文化创意产业的发展现状与政策分析

欧美发达国家率先进行了文化创意产业的推广，使其成为支柱产业。我国港澳台地区因其独特的历史文化背景，也努力在推广文化创意产业，把其作为对外开放的核心和文化产业转型的基础。我国内地以北上广深城市为中心，利用地域优势、政策优势、市场优势，结合历史文化优势，通过近几年的持续推进，在文化创意产业领域不断取得新成就。

我国文化创意产业还处于探索阶段，通过政策的调整，在人才培养、财政支出、产权保护等方面不断加大力度，文化创意产业已形成了一套完善的运作机制，从文化服务、创意开发、自主创新和新技术运用入手，推动文化创意产业有条不紊地发展。

本章节主要讲述欧美发达国家文化创意产业的优势；我国文化创意产业发展现状；国家和各地区对文化创意产业的政策方针。通过了解这些内容，便于读者针对现有状况，更有效地进行文化创意产品设计。

第一节　文化创意产业发展现状

一、国际文化创意产业发展现状分析

近年来，在发达国家和地区，一些特别倚重创意及文化的知识密集型行业（文化创意产业）在经济规划和政策制定中日益受到关注。英国率先于 1997 年开始系统地推广文化创意产业，澳大利亚和新西兰紧随其后。

文化创意产业作为新兴产业，无论在发达国家还是发展中国家，都对其充满了质疑的态度。但从 2000 年以来，创意产业在全球高速发展。联合国贸易和发展会议（UNCTAD）的统计数据表明，全球创意产业的产值已从 2005 年的 1.3 万亿美元增长到 2009 年的 4.2 万亿美元，年均增长率高达 34.1%，远远高于同期全球 GDP 的增长速度。在欧洲、美洲等发达地区，文化创意产业甚至已成为国家的支柱产业。

（一）英国

英国是最早提出文化创意产业的国家。英国作为 19 世纪有着"世界工厂"之称的国

家，在 19 世纪后期（第二次世界大战之后）逐渐察觉到了制造业发展的趋同和疲乏。英国政府意识到传统工业必须要有创新，当时的英国在创意领域与其他西方国家的差距相对较大，也没有完善的相关政策支持，并且还缺乏创意领域的人才。同时，英国当时正遭受着通货膨胀，经济不景气，以及国外同行的竞争压力，导致英国的竞争力远不如其他国家。

英国政府从 1991 年开始发展创意产业。在经历了新英国运动之后，1997 年 5 月布莱尔出任英国首相，着手调整产业结构，解决失业问题，振兴低迷的英国经济，并于 1997 年 7 月成立了文化媒体体育部，由布莱尔首相担任主席。1998 年，文化媒体体育部成立了"创意产业工作组"，旨在鼓励原创知识经济的发展，并设立了以文化创意产业为国家支柱产业的宏观目标，举全国之力发展知识经济，以此解决英国经济的内忧外患。

英国的文化产业概念在外延上要大于创意产业。在创意产业范围界定上，英国政府依据就业人数或参与人数众多、产值或增长潜力大、原创性或创新性高三个原则为标准，将广告、建筑、艺术品和古玩、手工艺、设计、时尚设计、电影和录像、互动休闲软件、音乐、表演艺术、出版、软件与计算机游戏、广播和电视等产业划入创意产业的范畴。

（二）美国

美国作为一个只有 200 多年历史的国家，通过各种政策、技术等条件，将文化创意产业发展成为国家支柱型产业，堪称文化创意产业历史上的奇迹。与其说美国是在发展文化，倒不如说美国是在创造文化。美国的文化创意产业以版权产业为基础，包括核心版权产业、交叉版权产业、部分版权产业和边缘版权产业等。从 1996 年开始，版权产品首次超过汽车、农业与航天业等其他传统产业，成为美国最大一宗的出口产品。

1997－2002 年，美国核心版权产业增速达 3.51％，超过同时期美国 GDP 2.4％的年均增长率。2002 年美国核心版权产业的增加值达到 6262 亿美元，占 GDP 的 5.98％；总体版权产业增加值为 12540 亿美元，约占到美国 GDP 的 11.97％，其中，核心版权产业的出口额已达 601.8 亿美元。

（三）日本

日本是亚洲创意产业发展最为发达的国家。文化产业是日本经济发展的重要支柱，产业发展现状及前景都比较乐观，休闲培训、娱乐、博彩、歌咏、旅游、参观、博览会等文化项目都被纳入市场运作范畴。日本是成熟的市场经济国家，主要依赖市场经济发展文化产业，但日本政府也积极推动文化产业的发展。日本的文化市场规模巨大，仅次于美国，居世界第二位。

日本的文化产业概念有两种：一种是把文化产业统称为娱乐观光业，主要包括广播电视产业出版关联产业、动画片产业、音乐关联产业、游戏关联产业和电影产业等；另一种认为凡是与文化相关联的产业都属于文化产业。

（四）韩国

文化产业在韩国已经成为推动国民经济发展的重要经济增长点。韩国实施文化产业国家发展战略后，短时间内文化产业得到了跨越式发展。现在，韩国是公认的世界文化出口大国。1992年12月当选为韩国历史上第一位文人民选总统的金泳三，在1993年2月上台后，提出了"新经济五年计划（1993年-1998年）"，开始进行行政改革，以及产业结构和金融体制改革。其中文化产业改革内容包括废止了文化部和体育青少年部，在文化观光部设置文化产业局，政府文化政策向文化产业方向转变，文化产业政策进入运作轨道。韩国另一个文化产业政策是关注文化产业新形式，并将这些形式纳入文化产业，例如游戏产业、卡通形象产业、漫画产业等。韩国原是农业国家，20世纪80年代初步完成了工业化改造。韩国的文化产业在亚洲当属后起之秀。为发展文化产业，韩国制定了《文化产业振兴法》《文化产业发展五年计划》《设立文化地区特别法》，设立了文化产业振兴基金，建立了尖端文化产业基地以建设文化产业基础设施。韩国政府致力于发展本国的文化产业，提出了"文化内容产业"的概念。韩国发展文化产业，主要是通过法律制度建设、国家及社会认识、创造性内容开发、专门人才培养、搞活投资与流通体系、地区文化产业发展以及进入外国市场等手段来实现。韩国政府的政策目标不只是维护文化独立性和保护本国产业发展，而是还要超越文化保护这一消极层次，培育在世界市场上具有竞争力的文化产业。

二、港澳台文化创意产业发展现状分析

（一）香港

中国香港地区长期以来是亚洲的创意中心，数码娱乐、电影、设计、漫画、出版等文化创意产业在国内外均有一定认知度，具有较为广泛的影响力。从经济形态看，香港已进入创新驱动经济增长阶段，具有知识型、创意型及服务型特点的文化创意产业已成为香港经济增长的新亮点。香港文化创意产业的发展经验，对于我国内地积极探索在社会主义市场经济条件下，大力发展文化创意产业和文化经济，实现经济增长方式的根本转变，具有十分重要的启示作用。

（二）澳门

由于澳门独特的地理位置和历史背景，发展文化创意产业具有独特的文化基础和商业优势。在葡萄牙占领澳门的500多年间，欧洲文化与东方文化的融合使澳门成为了一个风格独特的城市，留下了大量的历史文化遗迹。澳门历史城区于2005年成功申请为世界文化遗产，向世界展示了澳门独特的城市文化风貌。这也成为了澳门发展文化创意产业的优势资源之一，即以城市文化名片带动文化创意产业的发展。

2014年我国颁布的《文化遗产保护法》对澳门文物保护工作的开展具有深远的影响，体现了我国政府对于文化工作的重视。2016年颁布的《澳门特别行政区五年发展规划2016—2020》（以下简称《规划》），以国家十三五规划为引领，参与"一带一路"建设，将文化创意产品以"一带一路"作为窗口，传播到沿线各个国家，使文化创意产品走出去。

《规划》的总体思路在于坚持以创新为中心，以"文化＋科技"为重点发展方向，强化科技与文化的融合发展，坚持人才引领，培养具有文化创新意识的产业领军人才，把握当今时代文化创意产业发展趋势。《规划》提出依托"文化＋科技"，将澳门的文化资源有

效利用和配置，实现文化创意产业集群，通过集群内部以及周边战略项目合作，在提升文化创意产业盈利能力和规模效益的同时，把文化创意产业打造成澳门对外开放的核心。

要发展文化创意产业，还应建立高效保障体系，科学的制度是促进发展文化创意产业的根本保障。澳门政府应起到监管作用，各文化企业应自觉遵守生产经营机制，共同维护文化创意产业发展秩序。

（三）台湾

台湾比大陆更早意识到文化创意产业的重要性，早在 2000 年台湾文化学者就提出了"文化创意产业"的构想，最初的口号是"文化产业化，产业文化化"。台湾根据全球化浪潮与岛内经济发展的需求，更是将发展文化创意产业列为重点发展计划，希望从而培养文化创意产业的人才，增加文化创意产业产值，提高国民文化质感，构建台湾特色文化产业。厅昌奉教授认为，继资讯、光电、通信与生物技术产业之后，台湾正积极推动文化创意产业和文化软件工业发展，以提升大众的生活品质，创造就业机会。这是台湾从"台湾制造"转型为"台湾创造"的必由之路，台湾要借创造力摆脱微利竞争的困境。

《2017 台湾文化创意产业发展年报》（以下简称《年报》）对 2016 年台湾地区的文化创意产业发展进行了总结。2016 年中国台湾地区文化创意产业机构总数为 63 339 家，较 2015 年增长 0.72%，其中视觉传达设计产业继续保持前两年的增长态势，为所有文化创意产业中增长幅度最高的，达到 16.41%。设计品牌时尚产业以 10.65% 增长率次之。2016 年，中国台湾文化创意产业就业人数为 26.1 万人左右，其中以"运动、娱乐及休闲服务业"及"专门设计服务业"就业人数最多。同时，《年报》也提到，台湾地区近 5 年（2011—2015 年）营业额年复合增长率为 0.49%，除 2012 年呈现负增长，其余均为正增长态势，但增长幅度逐年缩小。

三、北京市、上海市文化创意产业发展的优势

（一）北京市文化创意产业发展的优势

1. 地域性优势

北京市发展文化创意产业得益于中心城市的地域性优势。北京市是中国的政治、文化和金融中心，这些因素使北京市能最先接收到国内外文化相关资讯。大量的文化交流活动在这里开展，推动了北京市文化创意产业的发展。

2. 文化性优势

北京是一座充满了东方文化的历史名城，作为五朝古都，北京积淀了大量优秀的历史文化。北京市共有文物古迹 7309 项，其中国家级文物保护单位 60 个，市级文物保护单位 234 个，博物馆和已开放的历史名人故居 110 座，数量居全国之首。北京的故宫、长城、颐和园被联合国列入《世界文化遗产名录》。这些文化遗产在为北京市带来巨大经济效益的同时，也为北京市文化创意产业发展带来了原动力。

3. 市场性优势

北京市处于中国经济发展较快、最具发展潜力的环渤海城市群的中心，具有独特的

市场优势。北京市的文化底蕴在全国占据领导和示范地位，文化市场占据市场总额的比例也逐年攀升，例如文艺演出、艺术品交易、图书出版等在全国都占有着绝对的优势。以演出市场为例，2002 年北京市演出市场空前繁荣，演出场次超过 13 000 场，也就是说 2002 年每个北京人至少一次走进剧场欣赏演出。

4. 政策性优势

北京市作为全国政治中心，政策偏向度较高，政府部门发布的各类有影响力政策文件都在这里发布。"十一五规划"以来，国家关于扶持文化企业改革和发展相关政策陆续出台。得到第一手资讯后，北京市政府为响应这些政策，大力出台了文化创意产业配套政策，以推动文化创意产业的有序发展。

5. 人才市场优势

人才作为发展文化创意产业的核心资源，北京市在人才资源方面同样拥有绝对的优势。北京市拥有清华大学、北京大学、中国人民大学等众多高校资源，拥有有创意思想和对文化情有独钟的大学生不计其数。这也就意味着在将来的文化市场中，大部分从事文化创意工作者都是具有创新精神和冒险精神的年轻人。

（二）上海市文化创意产业发展的优势

1. 高端市场优势

上海市地处长江三角洲，同时又是中国面向世界的"窗口"，因此上海市更容易吸引国内外优秀的文化创意产业资源，再加上上海市自身的经济发展水平，会更加注重高端文化创意市场的发展。所谓"高端文化创意市场"，就是从上海市的客观优势（包括地域、人才、经济等）出发，在研发或生产文化创意产品时，不仅要注重产品本身的创意性，还要注重产品的高附加值、高智力密集性和高科技含量等。只有这样，上海市这一窗口才能汇集更多的高端文化创意产业资源，在高端文化创意产业中占据领先和主导地位。在引领文化创意产业发展的同时，又可以区别于其他省市的文化创意产业发展模式，避免同类竞争。

2. 国际市场优势

上海市作为一个国际化大都市，从它的地理位置不难看出，它不仅是中国对外开放的窗口，也是中西方多元文化交流的枢纽。因此，上海市在文化创意产业的发展上更多地是体现"国际化"的特色，这是上海市区别于其他省市的一个重要优势。于是，设计生产出一系列优质文化创意产品，以上海市独有的国际化眼光，吸纳中西方各国文化，在体现中国东方韵味的基础上，更加注重文化创意产品的包容性，这些都主要体现在产品的造型设计和文化内涵方面。文化创意产品推向国际市场之后，不仅向世界传扬了中国文化，而且还能满足更多层次的文化消费需求，可进一步增强中国文化的国际软实力。

第二节　中国文化创意产业政策分析

随着国际视野的不断拓展，我国也开始着力发展文化创意产业。在我国 2006 年发布的《国家"十一五"时期文化发展规划纲要》中，首次提到了"创意产业"这个词。此后，我国政府又积极出台了促进文化创意产业发展的各项政策，各地政府也相继响应国家号召，推出一系列扶持文化创意产业发展的相关政策，拉开了我国文化创意产业发展的序幕。2009 年 7 月，国务院出台了《文化产业振兴规划》，其中第一项就是加快发展文化创意产业，这表明国家已经将文化创意产业与国家发展紧密联系在一起，明确了文化创意产业在国家经济发展中的重要性。同时，文化创意产业的兴起也引发了许多企业、民间资本家的投资热潮，在传播优秀传统文化的基础上，带动了全国经济发展。根据联合国贸易和发展会议(UNCTAD)发布的《2010 创意经济报告》数据显示，我国文化创意产品出口额将近 850 亿美元，占全球市场的 20.8%。该报告从国际层面客观反映了我国文化创意产业蓬勃发展的趋势。随着五年计划的不断推进，我国在文化创意产业领域的发展已见成效。

一、国家层面文化创意产业政策分析

（一）文化创意产业人才政策

目前，我国文化创意产业还处在探索阶段，急需大量的文化创意产业人才。在《国务院关于推进文化创意和设计服务与相关产业融合发展的若干意见》(以下简称《意见》)中的第二条中提到了强化人才培养。对于市场这一宏观环境，最缺的依旧是人才，文化创意市场更迫切需要新的人才涌入。国家鼓励学校、企业和科研院所进行战略合作，让更多的学生深入社会实践，将理论与实践相结合，了解文化创意市场的运营流程等相关知识。为鼓励高校更加注重复合型人才培养，国家和各院校都设立了专项激励机制。

所谓复合型人才，就是在某个专业领域有特别突出的能力和经验，并且对于相关技能都要有一定程度的涉及和掌握。对于文化创意设计工作者而言，就是在自身拥有创意思维能力、技法能力的同时，对传统文化、现代文化市场也应该有一定的思考与剖析。这些外围的能力能够使文化创意设计工作者自身的创意设计能力得到明显的升华。设计工作者不仅要注重自身综合素质的提升，而且要积极参与商业化项目运作，把理论知识与实践经验有机地结合在一起。

（二）文化创意产业小微企业扶持政策

在《意见》的第三条"壮大市场主体"当中提到了"中小企业集群"一词，由此可见，政府已着手实施中小企业成长计划，支持专业化的文化创意和设计企业向专、精、特、新方向发展，这也是文化创意产业的未来发展趋势。

中小企业集群是指以一个主导产业为核心的相关产业或某特定领域内大量相互联系的中小企业及其支持机构在该区域空间内的集合。首先，中小企业集群不同于产业集群，中小企业集群主体是小微企业，而产业集群的主体既包括大企业，也可以包括小微企业。其次，中小企业集群更加注重企业之间的合作与独立关系，而产业集群更加强调产业以及产业之间的关联。我国中小企业集群在 20 世纪 90 年代取得了较快发展，所带来的巨大经济利益和社会效益日益明显。同时，专家学者开始深入研究这种模式，某些地区也开始打造中小企业集聚区，促进当地的经济发展。

为了构建开放性、多元化、包容性的文化创意市场发展格局，国家政策鼓励非公有制文化企业发展和支持各种形式小微文化企业发展。各种形式的小微文化企业是文化创意市场的"潜力股"，但这必须建立在充分发挥国有文化企业主导作用的基础上。非公有制文化企业的发展和进入，为文化市场注入了新鲜血液。引导和调动非公有制文化企业的参与性和积极性，就必须允许非公有制文化企业参与文化创意产业发展的各个领域，如影视产业、艺术产业、旅游文化创意产业等。同时，要与公有制文化企业享有相对平等的竞争平台。

集群内的企业既独立又相互关联，独立性主要体现在每个企业都有独立的法人代表，在平等交易的基础上，独立进行项目运作、资金交易、往来账目核算。关联性体现在双方信任的基础上，彼此之间建立诚信合作关系，确保高效运作，实现双赢。政府作为政策引导者和市场监管者，通过集群政策导向来推动中小企业集群有序发展，维护集群秩序，营造良性市场氛围。

无论是非公有制文化企业的发展还是小微文化企业的发展，都为社会提供了就业机会，丰富了文化创意产业，为文化创意产业市场提供了更多的原创作品，为区域经济的发展作出了贡献，并可为文化创意产业的发展出谋划策。

（三）文化创意产业消费趋势

《意见》的第四条提到了"扩大文化消费规模"。所谓文化消费，就是指用文化产品或服务来满足人们精神需求的一种消费。这里所说的文化消费并不单是纯粹的文化。在现代社会中，文化消费并不仅仅是书本上的内容，或者是学术研究，它的范围更加广泛，动漫及动漫周边资源、影视剧、游戏等也都属于文化消费的范畴。

在文化消费行业中，文化创意和设计服务业呈现良好发展势头。2014 年其实现增加值 4107 亿元，比 2013 年增长 17.5%，占行业总值的 17.2%，比 2013 年提高 0.8 个百分点。以"互联网＋"的形式传播文化创意是当下文化创意产品推广的主要渠道，也是大众获取文化创意产业信息的主要来源。为此，国家鼓励电子商务平台发展，为文化创意和设计服务业提供专项服务。

目前，尽管消费者有旺盛的文化创意产业消费需求，但文化创意产业消费并未出现爆发式增长。统计相关数据显示，我国文化创意产业消费潜在市场规模约为 4.7 万亿元，而实际文化创意产业消费规模仅为 1 万亿元，存在着 3.7 万亿元的文化创意产业消费缺口。而在人均 GDP 同等水平下，我国文化创意产业消费规模也仅为发达国家的 1/3 左右。这既说明了我国居民文化创意产业消费需求并未得到满足，且与发达国家的差距较大；又说明了我国文化创意产业消费市场的发展空间很大，发展潜力巨大。

对此，国家鼓励有条件的地区补贴居民文化创意产业消费，以此扩大文化创意产业消费规模。鼓励企业运用各类设计技术和设计成果，开展设计服务外包，扩大设计服务市场；鼓励有条件的地区在国家许可范围内，根据自身特点建设区域性和行业性交易市场，在商贸流通业改造升级中，运用文化创意和设计服务促进专业市场和特色商业街等发展；鼓励批发、零售、住宿、餐饮等生活服务企业在店面装饰、产品陈列、商品包装和市场营销上突出文化创意和设计服务，更加注重节能环保，顺应消费者需求；营造良好的文化创意产业消费环境，促进居民文化创意产业消费意识的养成。

（四）文化创意产业知识产权保护与财政支持

文化创意设计作为需要依托载体的意识形态无形资产，法律也应保护这种承载在载体之上的意识形态无形资产。如何让这种无形资产拥有它本身的价值，无形资产评估就成为了这其中必不可少的一环。所谓文化创意产品无形资产评估，就是对文化创意产品的专利权、著作权和商标权等无形资产提供价值导向、价值估算等的行为。

近几年国家增加了文化创意产业发展专项资金规模。2014 年，财政部下达了年度文化创意产业发展专项资金 50 亿元，比 2013 年增加 4.2%，共支持项目 800 个（其中：中央 191 个，地方 609 个）。

知识产权法一般包括著作权法、专利证书专利权法、版权法、商标权法、商号权法、产地标记权法、商业秘密权法，以及反不正当竞争法等法律制度。知识产权法为知识产权所有人的权益提供了法律保障，维护了文化创意产业的有序性和制度的严密性。

根据国家知识产权局 2018 年发布的《关于停征和调整部分专利收费的公告》，自 2018 年 8 月 1 日起已经开始停征和调整部分专利费用。其中，延长年费减缴期限将有效降低企业，特别是小微企业的专利保护成本。按原有的专利收费要求，很多小微企业经过长时间的产品研发后，因为无法承担高昂的专利费用而不得不放弃专利保护。调整后的收费标准对于满足减缴条件的企业来说，发明专利 10 年的保护成本能降低近 80%。

根据《国家发展改革委、财政部关于降低部分行政事业性收费标准的通知》中规定，自 2019 年 7 月 1 日起，降低部分商标注册收费标准。如受理商标续展注册费由 1000 元降为 500 元；变更费由 250 元降为 150 元；对提交网上申请并接受电子发文的商标变更业务，免收变更费。商标注册相关费用的降低，满足了我国各行各业对申请商标的迫切需求，也是对知识产权相关行业活力的激励。

2018 年财政部办公厅、国家知识产权局办公室联合发布了《关于 2018 年继续利用服务业发展专项资金开展知识产权运营服务体系建设工作的通知》。通知中指出将继续在全国选择若干创新资源集聚度高、辐射带动作用强、知识产权支撑创新驱动发展需求迫切的重点城市，支持开展知识产权运营服务体系建设。

（五）文化创意产业的"先进文化"

在中国共产党的领导下，在社会主义核心思想的基础上，在改革的大时代背景下，提高国家文化软实力是将文化演变成彰显国家核心竞争力的主力军。中华文明几千年的历史发展至今，文化已经和民族的发展兴衰密不可分，传统文化是民族发展演变的历史见证，同时也是国家振兴的精神源泉。

在《中共中央关于全面深化改革若干重大问题的决定》（以下简称《决定》）中，明确提出建设社会主义文化强国，增强国家文化软实力，必须坚持社会主义先进文化前进方向。先进文化是指以马克思主义为指导，以培养有理想、有道德、有文化、有纪律的四有公民为目标的，面向现代化、面向世界、面向未来的，民族的、科学的、大众的社会健康积极向上的，具有中国特色社会主义的文化。先进文化的发展离不开先进生产力的发展，判断中国先进文化的标准，主要是看是否能推进中国社会生产力的发展。

先进文化是对传统文化的传承与发展。传统并不代表落后，而是需要人们将传统文化与现代观念相融合，产生出符合时代精神的文化。文化创意产品就是其中最重要的物质载体之一。

科学文化就是先进文化，其本身存在的科学精神、科学内涵和科学方法都是促进社会文化发展的重要元素。科学与文化的融合在某一方面是刻板、片面的，但不可否认的是，对于先进文化的发展，科技有一定的促进作用。科技产品可以是文化的载体，科学的文化经得起时代的推敲和检验。科技产品经过几代人的实践和革新，这种具有文化精神灵魂的科学形态也会在时代的潮流中慢慢得到发展和传承。

先进文化要具备鲜明的时代性和前瞻性。这就要求先进文化不能孤立存在，必须同经济、政治相辅相成，共同发展。符合时代需求的文化，不仅要满足现代人的审美和生活需要，还要具有包容性、开放性，并且要面向世界，面向未来。只有不断完善和发展本国文化创意产业，并且与时代接轨，与世界接轨，与未来接轨，才能更加体现出先进文化的时代性和前瞻性。

文化能够带来一定的经济效益，而经济效益又与人民群众生活息息相关。人民是文化的创造者，也是文化精神财富的拥有者。人民代表国家，人民的精神文化代表着国家的精神文化，所以先进文化必须符合人民群众的根本利益，必须立足于人民群众的社会生活。中国56个民族，每个民族各自有不同的文化和文化需求，先进文化必须满足不同民族的文化，以及不同文化消费需求。先进文化是大众社会文化，因而需要有使命感和责任感。它不仅是我国实力的标杆，也需要形成世界标杆，彰显中国的大国风范。

发展文化创意产业的"先进文化"要坚持中国特色社会主义文化发展道路，培育和践行社会主义核心价值观，巩固马克思主义在意识形态领域的指导地位，巩固全党全国各族人民团结奋斗的共同思想基础，坚持以人民为中心的工作导向，坚持把社会效益放在首位，坚持社会效益和经济效益相统一，激发全民族文化创造活力。

(六) 互联网

《决定》中强调媒体融合发展。在现代媒体蓬勃发展的形势下，互联网已经成为大众接受信息的主要来源，这对于传统媒体造成了很大的冲击。与传统媒体相比，互联网在大众心中占有绝对优势，基于此，将新媒体与传统媒体融合发展就成为了推动文化创意产业发展的一项重要任务。

要进行媒体融合发展，就必须站在时代前沿，做好前期统筹规划、任务下达等工作；必须始终坚持党的正确指导，传播符合新时代社会主义思想的新闻。在进行媒体融合发展时，要注意把落脚点放在人民群众身上，符合人民群众接受度；也需要引导人民群众理性地思考，紧跟时代发展的步伐，对新兴事物要勇于尝试；融合人民群众和社会各界的力量，共同促进文化创意产业稳步发展。

(七) 公共文化

《决定》指出：要加快构建现代公共文化服务体系，统筹推进公共文化服务均衡发展，增强公共文化服务发展动力，加强公共文化产品和服务供给，推进公共文化服务与科技融合发展，创新公共文化管理体制和运行机制，到2020年，基本建成覆盖城乡，便捷高效，保基本、促公平的现代公共文化服务体系；在构建现代公共文化服务体系的同时，必须坚持党的正确导向，必须以人民为中心，以社会主义核心价值观为引领。

发展公共文化要从基本国情出发，掌握当地文化需求，因地制宜，科学规划，分类指导，切实保障不同区域有符合不同区域特点的基本文化需求供给。在制定发展规划时，要结合当地经济社会发展水平，以及人民群众的文化需求，坚持均衡配置，严格预留，规模适当，功能优先，经济适用，节能环保的原则，保障人民群众的基本文化权益。在新的形势下，公共文化管理运行和保障机制进一步完善，服务质量明显提升，保障公共文化服务的内容和手段更加丰富，基本公共文化服务均等化水平稳步提高。

二、北京市文化创意产业政策分析

《北京市促进文化创意产业发展的若干政策》对北京市文化创意市场体系管理进行了较为全面的指导。

（一）放宽市场准入，完善市场机制

首先是制定了《北京市文化创意产业指导目录》。在目录中，增加了可执行的投资项目，使得文化创意产业的可投资领域不断扩大，加上鼓励非公有资本及海外资本融入文化创意产业，让文化创意产业在创意上更开阔的同时，也带来了可观的经济效益。同时，也明确限制了相关领域的进入，为文化创意产业提供了良好的创作环境。在此基础上，北京市利用作为中国经济中心的优势，大力挖掘一切经济资源，支持个体户正规经营文化创意产品，在市场环境下，实现公开、公平、公正经营。

（二）加大资金支持，拓宽融资渠道

自2006年起，北京市政府每年安排5亿元作为文化创意产发展专项资金（以下简称"财政专项资金"），采取贷款贴息、项目补贴、政府重点采购、后期赎买和后期奖励等方式，对符合政府重点支持方向的文化创意产品、服务和项目予以扶持。

北京市政府设立了文化创意产业集聚区基础设施专项资金，资金规模为5亿元，分三年投入。

北京市政府进一步完善中小企业融资担保机制，支持和引导担保机构为本市中小企业，特别是中小文化创意企业、中小高新技术企业的融资提供担保，并鼓励金融机构开展文化创意企业知识产权权利质押业务试点。

北京市为文化创意企业在国内外资本市场融资创造条件，积极支持符合条件的文化创意企业改制上市，支持中关村科技园区非上市文化创意产业股份有限公司进入证券公司代办股份转让系统，进行股份转让试点。

（三）支持创意研发，鼓励自主创新

北京市对在中关村科技园区内新办的文化创意企业，被认定为高新技术企业的，企业所得税自获利年度起两年内免征，两年后按15%税率减征收。同时，对单位和个人在本市从事文化创意产业技术转让、技术开发业务和与之相关的技术咨询、技术服务取得的收入，免征营业税。高等学校、科研机构服务于文化创意产业的技术转让、技术开发、技术咨询和技术服务所取得的技术性服务收入，暂免征收所得税。

北京市加大对企业自主创新投入的所得税前抵扣力度。允许企业按当年实际发生的技术开发费用的150%抵扣当年应纳税所得额,当年抵扣不足部分,可按税法规定在5年内结转抵扣。企业提取的职工教育经费在计税工资总额2.5%以内的,可在企业所得税前扣除。

北京市允许企业加速研究、开发仪器设备的折旧。单位价值在30万元以下的该类仪器和设备,可一次或分次摊入管理费,其中达到固定资产标准的应单独管理,不再提取折旧费;单位价值在30万元以上的,可采取适当缩短固定资产折旧年限或加速折旧的政策。

北京市支持和引导有条件的文化创意企业设立市级企业技术中心或工程技术中心。对符合条件的,积极推荐申报国家级企业技术中心、国家工程技术中心或国家工程研究中心,承担国家重大科技专项、国家科技计划重点项目、国家重大技术装备研究开发项目和重大引进技术消化吸收再创新项目。

(四)保护知识产权,营造创意环境

北京市创新知识产权保护和服务体系,研究制定文化创意产业知识产权保护和促进办法。鼓励知识产权评价机构发展,建立健全知识产权信用保证机制。

北京市建立版权资源信息中心和版权国际交易中心,构建版权授权体系。鼓励中外著作权人参与北京市文化创意活动。加强文化创意产业版权保护,支持现代著作权保护技术的开发和应用,严厉打击侵权行为,维护著作权人的合法权利。

北京市鼓励文化创意产业自主创新形成的成果及时申请、注册相关权利。文化创意企业申请专利的费用,可从北京市专利申请资助资金中给予支持。北京市设立了数字著作权登记中心,鼓励文化创意企业登记著作权,对属于北京市文化创意产业发展重点领域的作品的著作权登记,政府给予资助。

北京市保护和推广北京市文化创意产业著名商标。制定文化创意产业商标管理办法,定期编制和发布全市文化创意产业著名商标名录。

北京市发布的《北京市服务贸易创新发展试点工作实施方案》(以下简称《方案》)注重推动文化创意领域服务贸易发展。《方案》中是指出:构建立体、高效、覆盖面广、功能强大的国际传播网络,大力培育以数字化产品、网络化传播、个性化服务为核心的网络视听新业态;重点发展文化信息、创意设计、游戏和动漫版权等文化贸易,推动以数字技术为支撑、高端服务为先导的"文化 + "整体出口;鼓励推进多语言翻译等技术应用,支持原创游戏产品出口;打造全球文化艺术展示交流交易平台、国际文化贸易跨境电子商务平台等交流合作平台,拓宽文化"走出去"渠道;支持对外文化推广,实施"魅力北京""欢乐春节""中华文化世界行·感知北京"、北京优秀影视剧海外展播季等项目;积极参与海外中国文化中心建设,有序引进外国优秀文化成果,强化知识产权保护;坚持日常监管与专项整治相结合,加强商标、专利和版权等知识产权执法保护,严厉打击侵犯知识产权违法行为;组建海外知识产权服务专家顾问团,探索建立针对海外知识产权风险和纠纷的快速应对机制,为服务贸易企业提供海外知识产权信息、预警及维权援助等综合服务,支持企业在境外申请知识产权保护。

（五）文物单位的文化创意创新

北京市作为全国的文化中心，在发展文化创意产业方面更具有主导性和引领性。在《关于推动北京市文化文物单位文化创意产品开发试点工作的实施意见》（以下简称《意见》）中，首批试点名单包括原文化部备案的两家文化文物单位（分别是北京画院美术馆和首都图书馆），以及国家文物局确定的首都博物馆、中国人民革命军事博物馆、中国人民抗日战争纪念馆、中国科学技术馆等22家博物馆试点单位。此外，北京市将国家大剧院也纳入了试点范围。目前北京市已认定的文化文物单位文化创意产品开发试点共计25家。

现如今越来越多的人民群众选择走进博物馆，亲身体验博物馆的魅力，开始感受文物独特的历史魅力。在这样的新形势下，各个文物单位就更要注重博物馆自身发展和经营问题。在保障文物单位经济效益的同时，如何吸引游客，让那些对文物不感兴趣的游客主动走进博物馆，如何让游客身临其境，流连忘返，就成了文物单位需要思考的问题。

根据北京市相关政策，文物单位的文化创新，有以下几点值得探究。

（1）政府层面要稳步推进试点工作。北京市政府应结合北京市文物单位的特征和文化创意产业发展的状况，将发展具有北京特色的文化创意产业的目标、规划准确下发至各个文物单位，为开展文化创意产品开发工作确立方向。试点单位应结合自身情况，依托馆藏资源、形象品牌、陈列展览、主题活动等吸纳社会人才加入文化创意产品的研发。文物单位不要孤军奋战，而是要合理利用好社会资源。国家鼓励试点单位与社会力量进行文化创意产品的研发、生产经营等方面深度合作。

（2）提高文化创意产品开发水平。提高文化创意产品开发水平体现了国家对文物文化创意产品品质的高标准、高要求，让文物不再让人难以接近。《意见》也提出了试点单位的合作要求，根据北京市的资源优势，即众多高等院校和职业学校，以及文化创意设计机构，为文化创意产品的开发提供创意保障。试点单位要与院校机构进行深度合作，共同开发优质文化创意产品。依托北京市旅游、科技中心的优势，开发文物与影视、艺术、旅游、科技等产业结合的文化创意产品，创立具有国际影响力的文化创意品牌。

（3）建立全面的营销体系。在文化创意产品开发水平提高的基础上，营销体系就成为文化创意产业中最重要的一环。人民群众是最主要的消费群体，博物馆可以在节假日开展一系列陈列展览、主题活动、馆际交流等营销活动，让消费者主动消费。同时开展文物文化创意产品展和文化创意产品交流会等知名展会，拓宽博物馆文化创意产品的知名度，让文物"走出去"。在现代互联网蓬勃发展的形势下，鼓励开展博物馆与电子商务融合发展，实施文化创意产品线上销售，开展线上消费活动，更大程度地满足消费群体的需求，提升消费者选择的多样性和便利性。

（4）积极稳妥推进体制创新。大力培养文化创意产品开发人才，加强馆校合作，坚持事企分开的原则，将文化创意产品开发与公益服务分开。文物试点单位可参与市场竞争，在市场经济中占有一定份额。文化创意产品开发取得的事业收入、经营收入和其他收入等按规定纳入本单位预算统一管理，其中一部分用于继续投入文化创意产品的开发。对符合规定的开发工作人员，经同意后可从文化创意产品研发取得的净收入中提取

70%以上进行奖励，吸引社会上具有文化创意产品开发能力的人才涌入文化创意产品开发领域中，推动该领域可持续发展。

（5）加强文化创意产品知识产权的保护。为文化创意产品申请著作权、商标权、专利权等保护，这也是促进文化创意市场有序发展的重要途径。管理部门要加大对文化创意产品商标侵权行为的打击力度，为文物文化创意单位提供外观设计专利快速授权、确权、维权服务，支持文物文化创意衍生品的创新开发工作。

三、上海市文化创意产业政策分析

2017年，为深入贯彻落实党的十九大精神，落实《国家"十三五"时期文化发展改革规划纲要》，贯彻上海市委、市政府决策部署和《上海市"十三五"时期文化改革发展规划》，上海市坚持以文化强市，加快建设国际文化大都市，大力提升城市文化软实力，印发了《关于加快本市文化创意产业创新发展的若干意见》（以下简称《意见》），该政策以构建文化创意产业重点领域为基础，从而带动整个文化创意产业的发展。《意见》中主要涉及影视、演艺、动漫、网络文学、创意设计、出版、艺术品等领域，对各个领域主要存在的问题和发展规划都做了详细的阐述。在《意见》中明确提出，主要从以下几个方面共同推进文化创意产业城市的建设。

（一）建设全球影视创制中心

近几年来，中国电影无论是在内容创作、拍摄、制作上都有了明显的改善和提高，影视剧也成为越来越多人生活中不可或缺的一部分。如今中国的影视产业已经逐渐向国际化发展，缩小了与国际水平的差距。越来越多的中国本土影视剧走出国门，被翻译成各种语言，与全世界影视剧进行文化交流和相互学习。在未来，中国影视剧将更展现出国际化、包容性和丰富多彩的风貌。

上海市作为中国重要的对外"窗口"和国际大都市，在发展影视产业方面无疑是在全国起到了引领作用，这也是上海市要大力发展影视创意产业的原因之一。

影视创意产品的内容来源于优秀的剧本，其中的重要性不言而喻。《意见》中提到，加强影视剧本扶持，着重扶持重大革命和历史题材、现实题材、农村题材，着重扶持原创，着重扶持计划在重要时间节点播出的选题项目。在各式各样的影视作品如雨后春笋般蓬勃发展之时，国家越来越聚焦人民群众口味，以传统的、现代的视角来讲述故事的现实题材作品越来越多。这些年来多部聚焦现实题材的影视作品口碑都较好，引起了社会上人民群众的热烈反响，这也对今后影视创意产业的发展方向有一个启示作用。

好的影视作品应该立足于观众，要满足不同年龄层观众的需求。这意味着，影视作品不能单一地局限于某一方面的内容，它应该更加多元化。这就需要影视制作人员要深入观众，深入社会，了解观众的需求。在大数据时代，可通过网络调研和数据分析，得出调研结果，然后制作出满足广大观众真正需要的影视作品。

在影视作品的制作上，要摒弃演员高片酬，制作粗糙的现象发生。随着时代的发展，观众的口味在变，观众的审美要求越来越高，对制作的要求也越来越高。在这样一个新形势下，影视制作人员更应该注重影视作品的品质与内涵，传达给观众正确的思想观念，而非一味地追求流量。在《意见》中提到，要重点培育一批技术领先的影视后期制作企业，引导制作企业合理安排影视剧投入成本结构，优化片酬分配机制。这也证明了上海市对于影视产业发展的高标准、高要求。

（二）深化国际创意设计高地建设

《意见》在"深化国际创意设计的建设"一条中，明确提出上海市要建立国际设计之都、时尚之都、品牌之都、会展之都。在国际化的视野中，上海市倡导"大工业"设计理念，在原有的基础上，通过创意的手段，将文化融入到设计之中，提升创新思维和集成思维，以互联网数字技术为辅助进行设计，并拓展传播媒介。

设计是产品制作过程中最重要的一个环节，好的设计不仅可以刺激消费者的消费欲望，而且还能带动经济发展。上海市建设国际设计之都，在工业设计方面倡导"大工业"设计理念，加强工业设计战略趋势研究及行业标准制定。这体现了上海市在工业设计方面对于理论基础、材料、工艺等方面的高标准和高要求。好的设计来源于好的设计公司，好的设计公司则依托于好的设计而得以发展。

我国鼓励大众消费，而在消费环节中，广告成为了不可或缺的一部分。好的广告能够刺激消费者的购买欲望，广告是消费者了解产品最重要的渠道之一。如何在短短的时间内，通过广告中的语言、视觉刺激吸引消费者的眼球，成功将产品打入消费者市场，这就需要在广告设计方面拥有特殊创意的人才。上海市在广告设计、制作创新方面，需要培育具有国际视野和全球服务能力的大型广告企业集团，拓展新型广告媒介和数字化精准营销，在消费者业务方面取得良好的效果。

上海市重点布局以"东方美谷"为核心的"一核二片五联动"美丽健康产业集群，以传统东方美学为背景，以东华时尚创意产业集聚区、上海国际时尚中心为公共载体，打造符合东方文化审美标准的时尚服装、海派家具、家纺等一系列文化创意产品。

在时尚领域，当代年轻人不断追求时尚潮流。时尚不同于其他，一旦某种时尚潮流开始引领，就会逐渐流行开来，从而成为大众追求的焦点。因此，加强时尚服装产业创意设计、工艺改进、品牌定位和商业模式创新，就成为了上海建设国际时尚之都的重要内容。然而时尚不仅仅局限于服装，还有贵金属首饰、珠宝玉石、陶瓷、生活日用品、护理产品、家居数码等。创意设计要围绕大众消费的需求，结合当下时尚元素，运用创意思维和能力进行突破，进行创意设计，开发出独一无二的时尚创意产品。

文化创意工作者要做的不仅仅是运用时尚，更是要创造时尚，进而引领时尚。而中国时尚必须结合中国的东方文化特质，展现东方美学，而不依附于其他任何时尚。以上海独具特色的海派家具为例，海派家具结合了上海独有的文化内涵，赋予了家具独特的生活气息，形成了上海独一无二的文化标签，在全国流行起来。上海市重点布局世界手工艺产业博览园、上海木文化博览园等公共载体，向全国乃至全世界宣传上海独有的文化创意时尚产品。在服装品牌宣传方面，最为著名的莫过于上海时装周。上海市计划把上海时装周打造成为具有国际影响力的中外时尚设计师聚集平台、国内外时尚品牌发布推广平台和亚洲时尚产业最大订货供给平台，推动中国的时装品牌真正立足于国际舞台之上，实现中国时尚走出去，以此来推进时尚设计咨询、贸易流通、时尚传播、流行趋势和指数发布等时尚服务业发展。

相对于时装品牌而言，上海市其他文化创意产品也需要加快从产品经济向品牌经济转型，构建多层次品牌经济发展体系。要打造上海市独有文化创意品牌，需要将零散的文化创意产品通过平台聚集到一起，形成一个独立的大集聚区，以品牌为单位，着力建设张江、漕河泾、虹桥、临港等具有国际影响力的产业集群品牌，实现产业融合发展，培育产品品牌。立足于上海设计、上海制造、上海服务三位一体的发展理念，建设独具一格的国际品牌之都。

会展是展示文化的重要途径，在文化经济中会展也扮演着相对重要的角色。上海市在保持会展世界领先水平的基础上，努力打造会展自主品牌。国际进口博览会是中国与世界文化碰撞的顶级盛会，是改革开放"引进来，走出去"的重要环节。会展的等级和水平不仅体现了市场化、专业化程度，而且也体现了会展所带来的效益。通过举办会展，在产生经济效益的同时，也将中国文化展示给世界，并吸引国际知名品牌落户上海，为上海这座国际化都市增添新的元素，促进上海文化创意产业蓬勃发展。

（三）利用互联网平台实现文化创意产品推广

文化创意产品在设计时，需要借助某些科技手段来实现。在信息技术方面，上海市加强云计算、大数据、移动互联网、物联网等新兴信息技术在文化创意产业应用软件中的融合应用，提升文化创意产业应用软件的易用性、功能性、可靠性、安全性，聚焦数字版权保护、隐私保护、网络与信息安全监测等关键技术，加快文化创意产业信息安全软件研发及产业化。

上海要发挥艺术品产业在传承历史文化和推动业态创新中的带动作用，逐渐把艺术品产业变成上海对外开放的整体优势，努力把上海建设成为世界重要艺术品交易中心之一。

上海市为了加快文化创意产业的发展，首先需要优化艺术品产业格局。艺术集聚区是指从事艺术品行业的企业或机构组织在某个特定的区域进行与艺术品相关的活动，包括创作、展览、交易，并在某一地域形成具有代表性的艺术品交流市场。艺术集聚区成为上海艺术品交易市场的重要组成部分。上海市的艺术集聚区主要包括浦东外高桥和徐汇滨江艺术集聚区。上海要推进上海市艺术品行业协会、上海市文物艺术品拍卖行业协会建设，支持和发展艺术品拍卖机构做大做强，鼓励代理制画廊发展。

上海市充分利用现代网络科技，大力发展艺术品电子商务。随着消费者对网购依赖性的增强，上海市对艺术品产品质量、销售网点信誉的管理也需要增强。这就需要推进第三方鉴定评估平台建设，支持本地金融机构与专业鉴定评估平台加强合作，为在线艺术品交易保驾护航。在艺术品电子商务发展到一定阶段的时候，则需要对物流、仓储、保险等配套设施进行优化，为客户提供多方面的消费服务，比如提供信用消费、分期付款等金融服务。

四、四川省文化创意产业政策分析

在"十二五"时期，我国文化建设取得了显著成绩，出现了文化软实力不断增强，文化生产力不断发展,文化影响力不断扩大,文化民生不断改善的良好局面。巴蜀文化在"走出去"的广度、深度和高度上也取得了突破。随着"人才兴文"战略的稳步推进,人才培养、激励评价、保障机制逐步完善,文化人才队伍越来越壮大。

"十三五"时期是我国全面建成小康社会的决胜阶段。要让文化生活融入到每个家庭、每个人,是全面建成小康社会的目标之一。四川省为了继续发扬"十二五"时期所带来的文化创意产业良好态势,制定了《"十三五"时期文化发展规划》(以下简称《规划》),从多个层面、多个角度深入分析了四川未来在文化创意产业方面上的规划,以推进优秀文化作品的产生。

四川拥有优秀的戏剧文化,比如川剧就是融汇了高腔、昆曲、胡琴、弹戏和四川民间灯戏五种声腔艺术而成的一种传统剧种。四川要把握川剧独有的文化特点,加强川剧、曲艺和民间文艺发展,开展文艺作品展演、展览平台建设,为文化创意产品展演提供良好的平台,促进优秀传统文化的传承和创新,通过创新传播方式和更新传播内容吸引大众。

巴蜀文化的发展和推广,离不开公共设施的建设以及覆盖面的提升。根据《规划》要求,巴蜀文化的推广须做到以下几个方面。

(1)加快构建现代公共文化服务体系。促进四川基本公共文化服务标准化,要以四川省政策为总体纲要,细化到各个市、州,自上而下构建标准的公共文化服务体制。从而以标准化促进均等化,促进区域间、城乡间公共文化服务均衡协调发展,让每个公民都有权利享受公共文化服务,逐渐提升人民群众幸福指数。同时公共文化也能营造良好的社会风气,提升人民群众的文化素养。

(2)加快公共文化设施提档升级。一个好的公共文化服务体系,必须满足广大人民群众日益增长的文化需求。因此,要加快实现省、市、县、乡村公共文化设施网络全覆盖,做到线上和线下同步进行,在社区建立公共文化服务站、文化广场。定期举行与文化相关的活动,比如文艺演出、读书看报、广播电视、文体活动等。而文艺演出、文体表演等活动,也可通过网络同步直播,扩大文化传播范围,利用网络的力量,让更多的人关注巴蜀文化,打造城市"15分钟文化圈"和农村"十里文化圈"。

(3)提升公共文化产品和服务供给水平。以当地文化馆、图书馆为中心,推进总分馆制建设,将周边公共文化服务点联系在一起,形成一条观光旅游路线。开展以流动文化车为主要形式的流动化服务,不仅可促进公共文化传播和服务,并且也开发了旅游业和促进了当地经济发展。在文化服务供给方面推进红色文化、军营文化、校园文化、企业文化等各类社会文化,主要还是以体现四川文化风情为主,体现巴蜀文化风貌和巴蜀文化内容。在开发文化旅游业的同时,也可以加强区域文化机构的合作,从而带动周边经济带的发展,促进成渝城市群公共文化服务协同发展。

(4)创新公共文化服务供给机制。四川省在提升公共文化产品和服务供给水平的基础上,必须对公共文化的传播机制进行创新。利用新兴数字媒体资源和网络资源,构建标准统一、互联互通的公共数字文化服务网络。建设公共文化服务管理平台,加强机构与人民群众的互动,深入人民群众生活,了解人民群众的文化需求。通过制定公共文化服务考核指标和绩效考评制度，以及第三方评价机制，完善自身公共文化服务供给机制，从而选择出更适合广大人民群众的优秀公共文化。所以文化机构在公共文化服务与传播中起到了重要的作用，四川省在"十三五"发展规划中也提到了将大力推进民办文化机构发展。

（5）实施广播影视惠民工程，做好区域广播电视全覆盖，让广播电视进入每家每户。四川省为安装网络广播电视的用户提供优惠套餐、优惠服务等，真正做到广播电视惠民。四川要加强做好信息发布平台的建设，让群众能够及时了解到基层政务信息、政策宣讲和灾害预警等。在乡村广播电视建设中，应组建单独的电影放映室，让农村群众也能感受到电影文化，也可以在工地等大型务工场地，建设放映室，切实解决外出务工群体看电影难的问题。

（6）推进文化精准扶贫。四川省政府要加大对贫困地区公共文化建设资金的支持，建设一条完整的公共文化服务产业链，因地制宜开展文化演出、特色文化旅游、现代观光农业等。鼓励乡村和民族地区开发独具当地特色的文化创意商品和乡村民宿等旅游项目，从而能够有效地解决当地的就业问题，带动贫困地区经济发展。

（7）深入实施幸福、美丽新村建设和文化传承活动。如今，四川省不仅要保护民间传统工艺和非物质文化遗产，而且也要将优秀的技艺一代代地传承下去，让巴蜀文化源远流长是当前文化建设的重要工作。为此，四川省政府将筹划建设一批民俗生态博物馆和乡村博物馆，评选一批传统民居、传统街区、古村落、传统民政以及民俗文化和民族工艺传承人。同时利用网络平台，进行直播和短视频播放，让更多的人关注非物质文化遗产和民间工艺活动。在开发旅游业的同时，将技艺学习加入到旅游项目中，推动非物质文化遗产传承工作有序进行。

思 考 题

1. 谈谈你对文化创意产品知识产权保护的认识。
2. 分析一下当地文化创意产业政策。
3. 调查分析当地文化创意项目团队的整体情况，并提出团队建设策略。

第三章　文化创意产品的范畴

本章从消费者、管理者、设计者的角度出发，分析现有文化创意产品市场的需要，影响市场的各种因素；从创新的角度入手，针对现有文化市场进行文化创意产品的设计，以改善目前文化创意产品市场存在的问题，对传统文化进行更有效的传承与推广。

本章将对文化创意产品的分类做简要介绍，从消费者、管理者、设计者、创新角度分析文化创意产品现状，便于读者熟悉文化创意产品市场的需求。

第一节　文化创意产品的分类

文化创意产品侧重于个性化、人性化等精神层面的心理需求，设计思想更加注重人文情感，是今后产品设计的发展趋势。中国文化源远流长，内涵博大精深，如唐诗、宋词、书法、文房四宝、神话传说、戏曲、茶道等文化内容丰富，以文化传承为主题进行产品设计的载体种类丰富，如文具、饰品、家具、灯具、茶具、纪念品等生活用品。

文化创意产品主要分为旅游纪念品、动漫产品、影视音像、传媒出版、创意设计、工艺美术、书画艺术七大类。其主要特征包括：① 高知识性、智能化；② 高附加值，处于产业价值链的高端环节；③ 强融合性，具有较强的渗透性和辐射力；④ 全面提升人民群众的文化素质。

一、旅游纪念品

创意商品中的纪念品设计，与人们常说的礼品有些差别。纪念品是能长时间保存的东西，可以承载纪念意义的物品。礼品是指人们之间互相馈赠的物品，礼品的范畴更广一些，有实用型、装饰型、收藏型等。有纪念意义及收藏价值的礼品可以称为纪念品，纪念品同时也可以具有一定的实用价值。但现阶段中国大众化的纪念品没有太多的特点，而且质量也不高，可能是一双筷子、一个图章、丝巾或印有特殊纹样的 T 恤等。

旅游纪念品主要分为文化礼品、办公用品、家居饰品、土特产品四大类别。旅游纪念品按照使用功能分类列举如下，有些特点和功能是兼备的。

（1）装饰性纪念品，如领带、围巾、民间艺术品、生肖、中国传统雨伞、中国结、京剧脸谱、传统纺织品、印章、海报、珠宝、著名建筑的模型、著名商标、台历、水晶工艺品等。

（2）实用性纪念品，如茶壶、毛笔、筷子、文化用品、厨房用品、指南针、镜子、U盘、钱包、香水、打火机等。

（3）娱乐性纪念品，如CD（中国民乐）、棋牌等。还有小朋友或者情侣们喜欢的礼品类型，如迪斯尼礼品、卡通礼品、风筝、七巧板、智力玩具、字谜、棋盘游戏、灯笼、木偶、剪纸艺术等。

（4）教育性纪念品，如乐器、教育书籍等。

（5）保健性纪念品，如香皂、香水、健康球、木梳、玉石枕头、茶、中药材等。

（6）食用性纪念品，如月饼、蘑菇、芝麻糖等。

（7）文化传承创意设计类纪念品。这是一类很重要的旅游纪念品，如邮票、钱币、明信片、艺术品、书法、算盘、佛珠、香炉等。这类文化性质的纪念品一般会有相应的收藏价值，是结合年代事件而富有内涵的礼品。

创意产品实例如图3-1至图3-3所示。

图3-1 简蛋jane吉祥物设计（一）
（设计者：汪翔）

图3-2 简蛋jane吉祥物设计（二）
（设计者：汪翔）

图3-3 简蛋jane吉祥物设计（三）
（设计者：汪翔）

二、动漫产品

动漫产品目前主要包括两大类，即各种动漫作品以及各种相关的衍生产品。动漫作品又分为原创动漫和原创游戏。

动漫作品和动漫衍生产品主要包括动漫相关的游戏、服装、玩具、食品、文具用品、主题公园、游乐场、日用品、装饰品等，范围较宽，产品种类也较多，如图3-4至图3-7所示。其载体包括电视、电影播放，图书、杂志出版，各种VCD、DVD光碟产品的发行等。

图3-4　吉祥物 nimon(一)

（设计者：汪翔、孟琴、李扬）

图3-5　吉祥物 nimon(二)

（设计者：汪翔、李扬、孟琴）

图 3-6　傈僳人偶设计

（设计者：杨浩）

图 3-7　动物 T 恤

（设计者：龙欣玥）

三、影视音像

影视音像产品主要分为 DVD 作品、歌曲创作、影视制作、音像制作、广告贴片五大类别。影视音像作品如图 3-8 至图 3-10 所示。

图 3-8　皮影人物

（设计者：龙欣玥）

图 3-9 使用彩色的马赛克作为底，再使用线条来勾勒出一个美丽年轻的傈僳族姑娘的侧脸及回首一望的羞涩的姿态。设计这组傈僳族服饰的初心是为了让更多的人知道傈僳族服饰的美丽，让更多的人去了解他们多彩的傈僳文化。

图 3-9　傈僳族人物形象设计

（设计者：吴康利）

　　图 3－10 利用热气腾腾的模糊形式设计了插图，用温馨的色调吸引人们的目光，提醒人们现在生活虽然美好，但是实际上危机重重。图片中小框文字列举了现在全球变暖给地球带来的危害。

图 3－10　全球变暖——公益海报

（设计者：谢岚清）

四、传媒出版

　　传媒出版产品主要包括报刊发行、图书出版、影视剧本、书稿交易、电子出版物等。传媒出版作品如图 3－11 所示。

图 3 – 11　千寻的梦

（设计者：吴康利）

五、创意设计

创意设计是指把再简单不过的东西或想法不断延伸，给予另一种表现方式。文化创意设计产品不仅包括明信片、邮票等二维产品设计，还包括家具、电器等三维创意类产品设计。创意设计作品如图 3 – 12 至图 3 – 15 所示。

图 3 – 12　校园纪念品——化妆包设计

（设计者：龙欣玥）

图 3-13 的作品利用四川米易傈僳族人服饰上的纹样进行组合设计,创作了一套新的纹样。用它做成丝巾图案迎合现代年轻人的审美爱好,让更多人了解少数民族文化,传承了文化的多样性。

图 3-13　傈僳游想——文创丝巾

（设计者：谢岚清、吴康利）

图 3-14　汉服纹样服装设计

（设计者：吴康利、谢岚清）

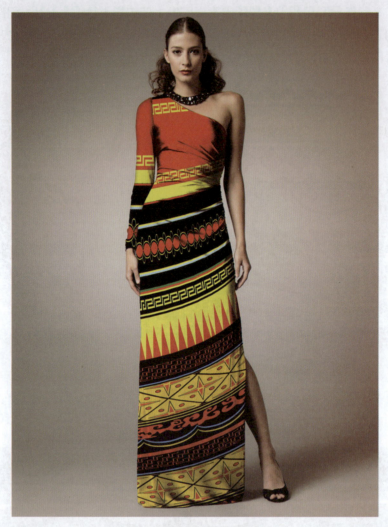

图 3-15　传艺(少数民族服装设计)

(设计者：谷娇)

六、工艺美术

工艺美术是指美化生活用品和生活环境的造型艺术。它的突出特点是物质生产与美的创造相结合，以实用为主要目的，并具有审美特性，为造型艺术之一。工艺美术也指以美术技巧制成的、与实用性相结合并有欣赏价值的各种工艺品，通常具有双重性质，既是物质产品，又具有一定程度精神方面的审美性。

工艺美术类产品包括的种类繁多，如民族工艺品、民俗用品、民间艺术品、首饰、雕塑、钱币(卡)、古家具、玉石器、陶瓷、刺绣、金属(金、银、铜等)器件、砖雕、木雕、玻璃制品(摆件、饰品、挂件)、文物复制品、文房四宝等。工艺美术设计作品如图 3-16 至图 3-18 所示。

图 3-16 武侯祠可乐设计

（设计者：吴康利、谢岚清、何诗炜）

图 3-17 武侯祠胶带设计

（设计者：吴康利、谢岚清、何诗炜）

图 3-18 武侯祠钥匙扣设计

（设计者：龙欣玥、谷娇、向欢）

七、书画艺术

书画艺术是书法和绘画的统称。中国书画艺术是世界文化艺术宝库中的精华，是人类历史上值得品鉴和典藏的艺术珍品，主要包括国画、版画等绘画类作品，以及书法、古籍碑帖等书法作品。

历史上有名的书法家的真迹，在写字技巧上是具有创造性的，是独具一格的，因此称之为书法艺术。具有很高艺术价值的书法才有资格进入图书馆和博物馆。我国的书法是一种富有民族特色的传统艺术，它伴随着汉字的产生和发展一直延续到今天，经过历代书法名家的熔炼和创新，形成了丰富多彩的宝贵遗产。今天图书馆和博物馆保存它，鉴别它，其目的是为了更好地继承和发扬这个传统艺术，以期达到更高的艺术水平，创造出更新的艺术风格，尽快地在书法艺术园地里创造出更多更好的作品，焕发出书法艺术绚丽的光彩。

绘画是一种在二维平面上以手工方式临摹自然的艺术。在中世纪的欧洲，常把绘画称作"猴子的艺术"，因为绘画如同猴子喜欢模仿人类活动一样，也是模仿场景行为。在20世纪以前，绘画模仿得越真实就显得绘画技术越高超。但进入20世纪以后，随着摄影技术的出现和发展，绘画开始向表现画家主观自我的方向发展。书画艺术设计作品如图3－19所示。

图 3－19　国画

（设计者：向欢）

第二节　文化创意产品的定位

一、消费者角度的文化创意产品

创意产业是人们的需求结构从低层次向高层次发展，即从物质需求向精神需求转移过程中，从制造业与服务业中将服务于人们精神层面的产业分离，组合而形成的新型产业。

从根本上来说，需求是影响文化创意产品划分范畴最重要的因素，即经济学中所说的价格与需求的关系。因为有着不同种类的需求，文化创意产品才存在不同的价格，市场才能发展得越来越好，因此文化创意产品范畴可以根据人的需求来划分。

影响某种商品需求的因素，除了其自身的价格以外，还有下述一些主要因素。

（1）消费者的收入。一般来说，在其他条件不变的情况下，随着消费者的收入高低不同，对商品的需求量也会有所改变。消费者的收入越高，对商品的需求就越多；反之，则少。但随着人们收入水平的不断提高，消费需求结构也会发生变化，即随着收入的提高，消费者对不同产品的需求比例也会发生变化。经济学把需求数量的变动与消费者收入同方向变化的物品称为正常品；把需求数量的变动与消费者收入反方向变化的物品称为劣等品。

（2）消费者的偏好。当消费者对于某种商品特别喜爱时，消费者就会增加对该商品的购买量；反之，当消费者对该商品喜爱程度不高时，消费者就会减少对它的购买量。所以，消费者的偏好是影响商品需求的又一因素。

（3）相关商品的价格。一般来说，当消费者想购买的商品价格未变，而与之可以相互替代或者互补的商品价格发生变化的时候，这种商品的需求量也会随之发生变化。例如，当消费者所需商品的替代品价格提高时，该商品的需求量就会上升；反之，需求量就会减少。如果想购买的商品与其他商品是互补关系，如汽车与汽油、影碟与影碟机等，那么当互补品价格提高时会引起该商品的需求量减少；反之，当互补品价格降低时就会引起该商品的需求量增加。

（4）商品的价格趋势。当消费者预测某种商品的未来价格会上升时，就会增加现阶段对该商品的需求；当消费者预测某种商品未来价格会下降时，就会减少现阶段对该商品的需求。以黄金为例，在一段时间内，黄金价格猛涨，大量的消费者争相购买，掀起了一股黄金购买热潮；但是在热潮退去之后，黄金价格出现回转，就很少再有消费者大量购买黄金了。除此之外，房地产行业也是如此。如果未来预期的房价升高，消费者会增加购买，而在房价下跌的时候，就会减少对房子的购买。

除去以上影响因素，还有很多因素也会影响消费者对商品的需求，如人口的数量、结构和年龄，以及政府的消费政策等。只有消费者有了一定的需求之后，商品才能够销售出去。

以上是影响消费需求的因素，而社会的发展也可以在不同程度上影响消费需求。社会发展在不同的阶段时期，消费者对商品的需求也有着不同的侧重点，而对于商品设计者来说，就需要根据商品价值构成要素以及各种要素在商品中的重要程度来进行区别。例如，我国在计划经济体制下，由于商品长期短缺，消费者把获得商品看得比商品的特色更为重要，因而消费者购买商品时更看重商品的耐用性、可靠性等性能方面，而对商品的花色、式样、特殊点等却很少考虑；而在市场商品日益丰富、人们生活水平普遍提高的今天，消费者往往更为重视商品的特色、个性和质量，如要求商品功能齐备、质量上乘、式样新颖等。在同一社会发展的时期，不同类型的消费者对商品价值也会有不同的要求。不同的消费者在购买行为上会因为个性的不同而表现出不同的需求。

因此，这就要求企业必须认真分析不同经济发展时期消费者需求的共同特点，以及同一发展时期不同类型消费者需求的个性特征，并据此进行商品的开发与设计，增强商品的适应性，从而为消费者创造具有更大价值的商品。

（一）低级消费者心目中的文化创意产品

根据马斯洛需要层次理论划分，人类最基本的需要就是对生理的需要。当把这个理论运用在低级消费者身上时，可以得出低级消费者最看重文化创意产品的实用性这个结论。

中国有一句古话"器完而不饰"，这句话出自《淮南子·齐俗训》，与先秦墨子的美学思想所一致，大概意思为：一个完整且实用的器物，可以不作多余的修饰，更注重的是其实际使用功能与用途。《说苑·反质》中提到："食必常饱，然后求美；衣必常暖，然后求丽。"这句话可解释为：饮食必须常常吃饱，然后才能进一步去要求精美；衣服必须常常穿暖，然后才能进一步去要求华丽。从中不难看出，从古至今，人们只有满足了基本的生理需求后，才会去追求其商品的美观性，以满足其真正的精神需求。这一思想也一直沿用在当代美学设计中。

由此可以得知，低级消费者在选购自用商品时，第一要考虑的就是商品的实用性。商品的实用性是指商品整体概念中的核心层和部分相关层。商品核心层的消费功能对于消费者而言永远是第一位的，即消费者购买商品的目的是什么，该产品能为他做些什么，做到什么程度。商品的性能、质量、使用方便与安全等则成为商品消费功能的有力支撑。对于低级消费者来说，商品在生活中能起到作用、具有实用性才是最重要的，例如杯子、碗、书签等都是比较注重实用性的，且相对其他文化创意产品来说价格较为便宜，是低级消费者愿意接受的商品。

（二）中级消费者心目中的文化创意产品

对于中级消费者来说，满足了基本的实用需求后，消费需求就会有一定程度的提升，会对产品的精美性有所要求，正所谓爱美之心人皆有之。朱光潜先生曾说过："有审美的眼睛才能发现美。"在文化创意产品设计中，对于产品的外观设计要站在大众的角度，要满足绝大部分消费者的审美需求。在此基础上进行创新，满足大众审美的同时，又能够设计一些具有文化内涵及文化元素的产品，也能够提升设计者的审美水平。

20世纪90年代西方曾有学者提出"日常生活审美化"，生活中处处皆可见到美的艺术品。美是一种优雅而又神秘的艺术，它虽然无处不在，但却仅仅只有小部分人能将美的艺术融入生活，将艺术生活化。美的产品不仅能让人赏心悦目，更能加深人们对产品的印象。消费者的记忆有影响消费者心理和行为的功能，那么如何让这种记忆能够有效地保存下来，纪念型产品就是一个好的文化载体。人的记忆大部分来自于亲身体验的感知构成，正因为有了这样的经历，为了强化记忆，人们大多也会选择购买一些纪念品保存或者摆放在家中。

中级消费者与初级消费者不相同，不再是一味追求产品的实用性，而更看重的是产品的美观性。相对来说，中级消费者的消费水平较低级消费者更高，经济水平也较高，更愿意花钱去装扮自己的生活。中级消费者最需要的文化创意产品要具有一定的文化特色，但是制作成本又不能很高。

（三）高级消费者心目中的文化创意产品

改革开放以来，随着人们的收入不断提升，一部分人的消费水平也不断提高。这一部分人成为了比较高层次的消费者，他们不再把实用性、大众性放在第一位，而是对产品的特色感兴趣，即对地域特色、民族特色与象征特色等文化蕴涵方面都有更高的要求。一般高层次的消费者都比较喜欢有文化内涵的东西，地域特色的文化创意产品会增加纪念感，有民族特色的文化创意产品会增加神秘感，有象征特色的文化创意产品会增加情感的唤起感，所以对于这一部分的消费者来说，只要文化创意产品有特色、有内涵，就会引起他们的青睐。

按照马斯洛需要层次理论划分，高级消费者已经到达了自我需求的阶段。在这个阶段的消费者就会需要与大众不一样的、具有浓厚的文化价值蕴涵的文化创意产品，这样的产品更能体现他们的品位。以金丝楠木等高级的木质产品，例如根雕、佛像等高端艺术品来说，一般的消费者是没有能力进行消费的，但是高级消费者就不同，他们不仅有能力消费金丝楠木产品，而且能够懂得金丝楠木产品当中所蕴涵的文化内容。与此同时，高级消费者可能更多地会需要私人化订制，要求产品的材质要好，产品所包含的文化创意特色也要更加明显、更为突出。

二、管理者角度的文化创意产品

管理者在团队中作为一个统筹的角色，在团队中的作用不止是监管，也是保证团队能正常运作的领导者。文化创意产业的管理者根据切入点不同，有着不同的定义。

管理者对于一个企业来说就是领导者，而在文化创意企业中，管理者的职能则体现在对产品的设计、产出、销售等方面的统筹，一个好的管理者对文化创意产业的发展起着至关重要的作用。区域文化创意产业管理者对文化创意产品的需求，更多则是从"是否能代表区域文化""是否能充分展现文化内涵"等方面进行考虑，这个层面的管理者更注重的是从宏观角度出发，考虑文化创意产品能够带来的深远影响。文化创意产业管理者也更注重从文化创意产品上发现行业的活力以及发展前景，希望文化创意产品能够引领潮流，获得大众的认可和喜爱。

不同层次的管理者对文化创意产品销售的各个环节将产生不同的影响。根据企业管理者在公司的职责分工及定位，下面将从初级管理者、中级管理者、高级管理者三个层次展开分析，探讨管理者与文化创意产品之间的关系，并准确找到不同层次管理者所需要的文化创意产品。

（一）初级管理者所需的文化创意产品

初级管理者的职能是执行、指导、控制，往往考虑的是产品的赢利性。商家从事商业活动过程中，最根本的目的就是赢利；赢利是驱使商家从事项目运作的根本动力。所以一些商家在初期往往会选择快速变现的途径，即在短期内实现资金回流，有的会在薄利多销上下一番功夫。例如我们生活中就能时常看到街上两元、十元起价的商店，虽然有的商品和大超市里一样，但由于价格上的优势，不少人也会选择在两元店进行选购。

出于对产品质量的担心，虽然不会放心大胆地去购买贴身用品，但家居用品等还是会考虑购买的。

　　同样的道理，初级的文化创意产业管理者也会将文化产品"低价贱卖"，采取薄利多销的手段，以数量来提升收益率。在一定程度上，他们更需要生产一些成本较低的文化产品，因为只有这样，他们才能达到赢利的目的，同时也能推出更多的文化产品。因此，初级文化创意产业管理者所需要的文化创意产品就应该是制作成本较低，但是具有一定新意，尤其是需要具有地方特色特征，销售价格不能过高，制作精细一些的产品，这才能符合初级管理者对文化创意产品的需求。

（二）中级管理者所需的文化创意产品

　　中级管理者的职能是计划、指导、控制。在文化需求方面，相对于初级管理者来说需要就更多了。中级管理者平时工作中既要满足上级领导对文化产品创意的要求，又要有能力去组织与管理下层，中级管理者在基层管理者与高级管理者之间起了一个中流砥柱的作用。对于中级管理者来说，他们的客户人群更多地集中在中级消费人群里面，因此就不能只满足于商品能够销售出去，还要注重产品的美观性。中级管理者所需的文化创意产品必须要有一定的文化内涵与特征。从管理者角度来说，这一类创意产品既可以作为某个地方或某个公司的纪念品礼物，也可以作为销售产品推向市场。以东方蜜语店铺为例，东方蜜语是甘肃博物馆的文化创意销售店，在东方蜜语店可以购买到很多有特色的文化丝巾。这种丝巾不仅可以单独售卖，还能够作为礼品批量销售，这样具有文化特色的产品也不失为赠送亲朋好友的一种好礼物。这就是中级管理者需要的大众能够消费、又具有一定文化内涵的特色文化创意产品。

（三）高级管理者所需的文化创意产品

　　高级管理者的职能是决策、指导、控制。高级管理者最看重的是文化产品的创意，在组织当中，他们是智囊团的成员。同时他们对于文化产品的专利申请方面也有着更加清晰的保护意识。在文化创意产品的生产、设计直至销售的全过程中，他们格外关注自身文化创意产品能否在文化市场中具有强大的竞争力。高级管理者不同于初级管理者，他们不会采用"薄利多销"的销售方式，更多的是会关注企业高端产品以及企业文化品牌的建立。同时，联络高级消费者、销售高端产品也是高级管理者的职能之一。除此之外，高级管理者也是企业方向的领导者，必须要正确引领自己企业的发展方向，以及发展路径。

　　高级管理者对应的就是高级消费者，如何满足高级消费者的私人订制需求，将创意产品赋予更深层次的文化内涵，是高级管理者需要的文化创意产品所包含的内容。高级管理者需要的文化创意产品是高端私人订制，且富有文化内涵底蕴的产品。

三、设计者角度的文化创意产品

　　设计者就是文化创意产品的核心所在，没有设计者就没有创意产品的存在，是设计者将文化创意产品带给了大众，也是他们将产品赋予了文化创意的内涵。设计者对产品的解读不同，产品的种类以及造型也会有很大的区别。通过设计者的设计展示，将产品以二维、三维，甚至是四维的设计方式展现在大众眼前，使之获得最直观的感受。文化创意产品设计分为很多种类，如按设计产品的色彩、样式来划分。此外，可以从作品效果角度来划分，可将设计分为三种不同的维度，分别为二维、三维、四维。不同场景之下，文化创意产品的制作效果是完全不同的。

（一）二维设计角度的文化创意产品

二维设计也称作平面设计，是以平面空间为载体的设计活动，涵盖的范围很广泛，包括海报、样本装帧、书籍设计、视觉形象、画册等。只要是在二维空间内进行的设计都属于平面设计的范畴。最常见的二维设计角度的文化创意产品就是平面广告设计。在广告学与设计方面，设计者借助二维设计展示品牌、产品、活动等。想要品牌、产品获得更好的宣传，使大众能更直观地感受到文化核心内涵，其文化创意不可忽视。通过文化内涵对产品进行包装，以此来设计出一份别出心裁的广告。

除了平面广告之外，还有很多较为简单的"贴图产品"也是二维设计角度的文化创意产品。二维设计角度的文化创意产品是平面的，也是现今文化创意产品中最为常见的形式。二维设计通过最简单的平面图形设计，将文化创意产品大众化，成为大众消费品，以此推动文化创意产业的发展，丰富文化创意产品种类。常见的二维产品比如直接对图形进行简单的处理后，将此图形印在手机壳、钥匙扣等产品上。这类产品往往具有成本低、销售快、对图形可直接利用的特点。

（二）三维设计角度的文化创意产品

三维设计是新一代数字化、虚拟化、智能化设计平台的基础。它是建立在平面和二维设计的基础上，让设计目标更立体化、更形象化的一种新兴设计方法。三维设计在作为文化产业一部分的游戏产业中发挥了巨大的作用。

三维设计将文化以立体的形式展现给大众，如受众多二次元爱好者喜爱的手办等产品就是对二维动漫人物的三维设计。设计巧妙的三维产品不仅具有独特的文化内涵，更有相当大的收藏价值。三维的文化创意产品通过具体的形象，增加了文化创意产品与消费者之间的联系。

（三）四维设计角度的文化创意产品

现今，四维设计已经慢慢走进了人们的视野当中，各个行业都在朝着更新的领域前进。文化创意产品也要紧跟时代的发展步伐。虽然现在的四维设计非常少，但是随着四维设计的普及，文化创意产品将会越来越全面地考虑整体的效果，增加用户的体验感，不仅仅是要将文化创意产品销售出去，更重要的是要开创四维设计时代。

如 2019 年暑期大火的《哪吒：魔童降世》动画电影，就是四维设计的典型应用。从画面、人物、剧情的设计都经过了反复的修改、斟酌，观众通过精致的画面、生动的人物形象、精彩的剧情获得了精神上的满足。四维设计不仅仅在动画电影行业，而且在文化产业的很多领域都能够给消费者一种切身的体验感，增强了消费者的代入感。

在不久的将来，四维设计将走进更多的行业。四维设计角度下的文化创意产品发展也将越来越成熟，给用户的体验感也会越来越强，并将文化赋予神秘色彩，吸引更多的文化创意爱好者加入文化创意产业，同时为文化创意产业的发展扩宽道路。

四、创新角度的文化创意产品

　　创新是指人类特有的认识能力和实践能力，是人类主观能动性的高级表现，是推动民族进步和社会发展的不竭动力。一个民族要想走在时代的前列，就要时刻保持创新思维，不能停滞不前。创新在经济、技术、社会学以及建筑学等领域的研究中举足轻重。创新与文化相结合造就了文化创意产业。在现有的文化内加入创新元素，对创新后的产品进行生产、售卖，逐渐形成一个产业链，这就是文化创意产业的形成过程。在此过程之中，核心就是创新，只有将创新层面做好做强，才能够带动文化创意产业的发展。

　　创新是分程度的，不同程度的创新所带来的创意产品的价值也是不同的。产品的价值有所不同，文化蕴涵也会有一定的差异。产品的创新程度反映的是设计者对该文化元素的解读与提取能力，对一个产品的文化内容解读得越透彻，所进行的文化创意就会越深入，就越能体现出文化创意产品的文化蕴涵价值与设计者的创新能力。目前，创新的程度可以划分为三个层次，即基础改良、初步创新和全新原创。

（一）基础改良的文化创意产品

　　基础改良即在原有产品之上，进行简单的加工与设计（即局部创意），或者直接进行"复制粘贴"式的加工。在文化创意产品市场上，大多数的产品都可以见到局部创意的影子。例如一把扇子，为了增加其独特性，设计者会在扇子的美观、实用性上下一番功夫，无论是在扇尾加上一些小的精美原创挂件，还是在扇子四周加上羽毛等，都属于对扇子的初步加工，即局部创意。"复制粘贴"式的加工是指主要运用在将某个现有图案印在手机壳、钥匙扣上，只进行放大、缩小或简单叠加的变形，使图案更适合于制作的产品。目前一部分订制产品也是属于基础改良的产品设计，如将公司标志印在一些办公用品上，这样可以增加普通产品的独特性，而且制作成本低，能够满足公司的需求。基础改良是文化创意产业中最基础的创作，只需要在基础的图案、图形上面加入少许的创意元素，这样设计的文化创意产品只有极少部分的创意，却能够大范围地生产，销售价格也较为低廉。这也是初级管理者所需要的文化产品，因为制作成本不高，适合薄利多销的销售模式。

（二）初步创新的文化创意产品

　　初步创新就是在基础改良之上，对产品进一步创新。初步创新大部分是在保留产品原有文化元素之后所进行的创新，但是它的创新部分是十分有限的，介于基础改良与全新原创之间。初步创新不要求设计者有多么强大的想象力与创造力，只要求设计者能够让产品与文化元素之间有一定程度的融合。比如将一个杯子赋予文化元素，那么就需要将该文化元素与杯子相结合，这里的结合并非指单一的"贴图"或直接利用，而是需要设计者将该文化元素提取出来，选取有用的部分，通过色彩、造型等让大众感知这个杯子所包含的文化蕴涵，这一过程就是初步创新的过程。简单的原创贴图，也属于初步创新的文化创意产品范畴。现今很多的文化创意产品都是属于初步创新阶段的产品，并且初步创新的文化创意产品是符合大多数消费者的需求的。

　　目前，大多数初步创新的文化创意产品都是结合自身民族的特点与区域的特色文化，依托设计，进行的初步创新。这样的文化创意初步创新适用范围较广，能够为文化创意产业带来很多消费者。

（三）全新原创的文化创意产品

全新原创，顾名思义就是一件未被申请专利或知识产权保护的创意产品，它是由设计者所创造的全新的产品。全新原创对设计者自身能力的要求是极高的，它要求设计者必须具备丰富的想象力、创造力，二者缺一不可。设计者如果光有不切实际的想象，创造不出实际产品是不行的，天马行空的想象，最终也要靠创造出实物来体现文化的价值意义；能创造出产品，但是内容却缺乏想象力，没有新意的话会导致产品没有灵魂。目前我们国家全力支持原创产品，不断地完善知识产权保护法，保护设计者的创意，为原创者给予新鲜的养分，为文化创意产品保驾护航。

全新原创的文化创意产品要求设计者从开始就要有全新的、具有创造力的想法，将头脑里虚构的想法与现实相结合，并最终定稿，再运用到现实产品设计中。全新原创尤其需要注意的是设计源于生活，但对于创意来说，创意是可以高于生活，却不能完全脱离生活。每一项原创设计的最终成品，只有受到人们的认可，被市场所接纳，才能算得上是一套完整的创意设计。例如设计一款表情包，人物形象需要由设计者自己想象设计出来，人物的动作、细节都需要设计者考虑到位；同时，表情包的设计又不能脱离生活实际而存在，因为这样是没有人会使用这一款表情包的。所以设计者在进行全新原创时，不仅仅要考虑自身的创意点，也需要考虑大众的接受度。

思　考　题

1. 针对不同层次的消费者，你有怎样的创新设计？
2. 当地的消费者对文化创意产品消费偏好有哪些？
3. 谈谈你对"基础改良的文化创意产品""初步创新的文化创意产品""全新原创的文化创意产品"的理解。

第四章 区域文化元素的提取与创新

区域文化独具特色，涵盖面较广。从建筑、饮食、语言、信仰等独具特点的角度出发，对各种地域文化进行分析，可掌握我国各区域文化的区别与联系。

按照区域文化的元素提取原则和方法，结合项目需要，对区域文化元素的提取做到有目的、有计划、有系统性。在区域文化元素应用过程中，同样需要考虑项目需要，对文化精神、文化外在和文化过程创新，使区域文化元素在文化创意设计中发挥更大作用。

本章主要讲述区域文化的概念、特点、类别，区域文化元素的提取原则、提取方法，区域文化元素的创新原则、创新方法，配合案例解析，便于读者了解区域文化元素的提取到应用的过程，提高区域文化元素应用到实际项目设计中的实际效果。

第一节 区域文化概述

一、区域文化的概念

区域文化泛指在特定区域内源远流长，独具特色，传承至今仍在发挥作用的传统文化。例如我国各地区不同的春节传统习俗、各种节日活动的习俗；西方地区圣诞节、万圣节等活动的习俗；伊斯兰、西藏等地区的宗教习俗；以及各个旅游城市或风景名胜区流传甚广的特定形象标志等。

区域文化划分为广义和狭义两种。在我国，人们认为狭义的区域文化专指先秦时期我国不同区域范围内物质财富和精神财富的总和，而广义的区域文化特指中华大地不同区域物质财富和精神财富的总和。

区域文化又称地域文化，是一门研究人类文化空间组合的地理人文学科，它以广义的文化领域为研究对象，探讨附加在其自然景观之上的人类活动形态、文化区域的地理特征、环境与文化的关系、文化传播的路线和走向以及人类的行为系统，包括民俗传统、经济体系、宗教信仰体系、文学艺术、社会组织等。

地域文化不是孤立存在的，总是相比较而存在的，相联系而发展的。所谓联系就是指地域文化之间互相交流，互相渗透，互相借鉴，互相融合。任何地域文化如果没有与不同文化进行交流，自我封闭，故步自封，面对新的历史环境和条件拒绝变化和发展，就不会有生命力。历史上许多的地域文化也曾辉煌一时，但后来却逐渐衰落，直至最后消亡了。例如我国清朝时期的闭关锁国政策，导致了清政府与国际文化和经济的交流中断，造成文化和经济的衰败。只有开放才能推动文化自身的不断进步和社会的不断前进，这是社会发展的一般规律，也是包括地域文化在内的其他文化发展的一般规律，古今中外概莫能外。例如唐朝时期的玄奘西行，不仅传播了中国佛法，还带回了大量佛教经典；不仅对东亚文化（包括中国文化、韩国文化和日本文化）的发展产生了深远的影响，同时也为东亚文化能在世界文化中发挥积极作用打下了基础。中国古代史上也曾有三次地域文化的大交流，造就了三次民族大融合，人文大同化和经济社会的大发展。

第一次民族大融合是指周秦时期中原华夏族和黄河流域的蛮、夷、戎、狄族的融合，形成了中华民族的主体——汉民族。在这次融合中以华夏族的文明为主体，通过齐、鲁、燕、晋等地与东夷、南蛮、西戎和北狄等族相互交融，弘扬了文化礼仪，发展和开拓了农耕经济。随着各民族的融合，使蛮、夷、戎、狄族文化逐渐中原化。

在魏晋南北朝时期，北魏统一中原后发生了第二次民族大融合。我国北部和西部的匈奴、氐、羌、鲜卑、羯、乌桓等民族迁入内地，北魏的孝文帝为了缓和阶级矛盾和民族矛盾，从政治、经济、文化、社会风俗等方面推行汉化，实现了鲜卑贵族与汉族门阀氏族的文化融合。孝文帝的改革以法律的形式规定了各民族融合的成果，反过来又促进了以鲜卑族为中心的北方各族的封建化和以汉族为主体民族大融合的发展。通过了一百年的政权改造，少数民族逐渐学习汉制，并主动进行文化改革，使得以汉族为主体的中华民族不断发展壮大。

汉族与各少数民族关系的较大改变体现在第三次民族融合上，发生于五代十国、宋、辽、金时期。随着民族融合的不断深入，历史中的新民族兴起而部分民族渐渐濒危和消失。然而，较早之前的两次民族大融合，虽然汉族在族体上得到了壮大和发展，但其政治和军事实力却在不断地衰落。连绵的战事和辽国的移民政策使汉人不断外迁，这却为民族合作与发展，乃至融合创造了有利条件，汉族与各少数民族的民族融合由此而得以不断地发展，形成了相互依存，不可分割的整体。

不同地域文化之间的交流和互动仍是今后地域文化并存发展并发挥积极作用的重要前提条件。只有通过不断地交流与融合，才能充分展示各地域文化的斑斓色彩和独特魅力，体现各族人民群众的聪明智慧和无穷无尽的文化创造、创新能力，也才能充分发挥地域文化在促进地区经济、社会发展中的作用。

地域文化是指文化在一定的地域环境中与环境相融合，并且打上了地域烙印的一种特色文化，具有独特性。在我国，地域文化是特定区域的生态、民俗、传统、习惯等文明表现。地域文化的特点包括方言文化、饮食文化、民间信仰、建筑、自然和地理环境等。

二、区域文化的特点

（一）地域性

地域文化中的地域是文化形成的地理背景，范围可大可小，大到一个国家或一个大陆块，小到一个城市或一个村寨。地域文化中的文化，可以是单要素的，也可以是多要素的，例如一个单独的宗教文化，或者是一个民族的文化。

地域文化的形成是一个长期的过程，随着时代的发展和时间的推移，地域文化是不断发展变化的，但在一定时间或地域内又具有相对的稳定性。例如，中国的四合院文化、阿拉伯文化、欧洲文化等，如图4-1至图4-3所示。

图4-1　四合院文化

图4-2　阿拉伯文化

图 4 - 3　欧洲文化

中国的区域文化按照时间和区域大致可以分为 7 种，分别为齐鲁文化、燕赵文化、三秦文化、三晋文化、楚文化、吴越文化和巴蜀文化。

1. 齐鲁文化

齐鲁是中国历史区域范围名称，该名始于先秦齐、鲁两国。到战国末年，随着民族融合和人文同化的基本完成，齐鲁两国文化融合为一体，齐鲁形成了一个统一的文化圈，由统一的文化圈形成了齐鲁的地域概念。这一地域与后来的山东省地域范围大体相当，故成为了山东的代称。齐鲁文化指的是以先秦齐文化和鲁文化为渊源而发展建构起来的一种地域文化，一直具有一定文化和政治的象征意义，基本代表了传统的华夏文化。齐鲁之地的农业发达，又因濒临沿海、运河和黄河，商业比较繁荣，民间手工业如陶瓷、纺织、冶炼等也颇发达，因此，鲁的农业、齐的工商业，加上孔子、孟子、管子、墨子、孙武等大批文化巨人留下的传世佳作，构成了齐鲁文化的鲜明个性。一般说来，齐鲁文化具有粗犷、古朴、豪爽、热烈的特点。

2. 燕赵文化

燕赵文化是历史上的燕国、赵国区域内产生的一种区域文化。燕赵地区以现在的黄河为南界，以太行山和燕山山脉分别为西界和北界，现指河北、山西和陕西的中北部地区。燕赵地区气候相对干冷，农业以粟、豆类为主，畜牧业也占一定地位，燕赵的商业也比较发达。燕赵文化虽属汉族农业文化地区，但由于燕赵地区处在当时的农牧分界线，因此燕赵文化与关外游牧文化关系密切。自十六国、南北朝、辽、金、元和清等时期以来，燕赵地区一直处在胡汉交融的状态，为了抵御外侵，形成了勇武、好搏击的特点。

3. 三秦文化

三秦是指秦灭亡后，项羽将秦国土分封给三位将领管理，故将秦国地域称为三秦。三秦地域指今天的陕西地区，包括甘肃、宁夏的东南部。秦人以法家思想治国，文化上具有鲜明的功利主义特点，加之其地理位置便于与北方和西域的文化交流，使其在农耕文化的基础上，具有包罗万象、兼容并蓄的特点。三秦文化不仅保留了历史上各民族文化、各种宗教以及各种艺术形式的痕迹，而且其商业文化也很发达。由于我国文化中心逐渐向东南转移，这里的社会经济、文化发展逐渐滞后，原有文化开放性日益减弱，三秦文化保留了较为传统的文化心态，具有淳厚、古朴等特点。

4. 三晋文化

三晋指战国时期的赵、魏、韩三国的合称，作为地理名词是指赵、魏、韩三国故地，也指今天的山西大部、河南的北部和中部。三晋文化实际上可以说是中原文化的代称。三晋地区地处我国中部，各种文化碰撞交流于此，使这里的文化呈现出一种共享性。商业的流动性和因水患、战乱以及灾荒引起的人口流动，造成了这里的人口频迁。三晋地区地处平原，四通八达，因此三晋文化的特点不如其他地区明显，具有务实、求新和开放的特点。

5. 楚文化

楚文化是指我国春秋时期南方诸侯楚国的物质文化和精神文化的总称，分布地区包括今天的湖南、湖北、安徽、江西的西北部和河南的南部，其中以湖南、湖北和安徽的一部分为核心地区，淮河流域和鄱阳湖流域等为其边缘地区。在上古三苗文化的基础上，华夏文化的主流汇合了当地蛮夷文化的支流，共同构成了楚文化。由于这里以丘陵和江湖为主要自然地理特征，加上民族文化源流丰富，使楚文化极具特色，比如文学艺术神奇浪漫，民间生活崇巫尚鬼等。

6. 吴越文化

吴越一词来自于春秋时期吴国和越国的国名，各取一字。吴越文化以太湖地区为中心，包括今天的江苏、浙江、上海地区，以及安徽东部和江西的东北部。这里气候温和，土地肥沃，水网密布，雨量充沛，农业极为发达。经过长时期的历史发展，中国经济和文化重心逐渐从北方转移到这里，到明清时期，沿海的地理优势充分显露出来，商业贸易迅速发展起来，城市极为繁荣。以"吴侬软语"为特征的吴语是中国七大方言之一，构成了独特的语言文化系统，强化了这里的区域文化特征。吴越文化风格细腻、恬淡、婉转、雅致、清新，与北方各区域文化形成鲜明的对比。

7. 巴蜀文化

所谓巴蜀文化，即巴文化与蜀文化的合称，其以四川地区为中心，辐射到陕南、鄂西和云贵部分地区，由川东的巴文化和川西的蜀文化共同构成。由于这里与中原地区存在自然阻隔，有助于强化色彩浓厚的地域文化。巴蜀文化以热烈、诙谐、高亢为特征。

（二）相对稳定性

随着时间的推移、社会的发展和时代的变化，虽然区域传统文化在某些短暂的历史时期内略有中断，以及在不同的历史时期也或多或少的有所改变，但其根本的主导方向是不会变的。

（三）独特性

地域独特性是指地方的传统文化是地域区间特有的，与世界上其他民族文化不同。

例如方言文化、饮食文化、民间信仰、建筑、自然地理环境等。

（四）广泛性

地域文化除了传统意义上的地域差别外，还包含物质和精神上的文化差别。

物质文化包括建筑、服饰、交通工具等方面的文化，具体介绍如下。

（1）在不同地域和民族，中国传统建筑在艺术风格等方面各有差异，但传统建筑的布局、空间利用、建筑结构、材料及装饰艺术等方面却又有共同的特点，区别于西方建筑，享誉全球。

（2）中国传统服饰是指我国古人的传统服饰，是中华民族创造的宝贵财富。传统服饰有两种基本形制，即上衣下裳制和衣裳连属制。汉服是中国传统服饰的代表，承载了汉族的染、织、绣等杰出工艺和美学，传承了多项中国非物质文化遗产以及中国工艺技术。除了这些，中国56个民族的民族服饰也是地域服饰文化的代表。

精神文化包括制度、价值观、生活习惯等方面的文化，具体介绍如下。

（1）制度文化是指人们为了适应人类生存环境和社会发展的需要而主动创制出来的、有组织的规范体系。中国传统的宗法制、君主专制、科举制、法律制度，以及我国现行条件下的中国特色社会主义制度等，这些都是制度文化随时代变迁而创制出来的规范体系。

（2）中国文化与社会主义核心价值观建设有着紧密的联系。社会主义核心价值观建设以我国文化为基础，社会主义核心价值观建设不仅要汲取优秀传统文化，而且要创新传统文化，使之具有生机与活力，以推动我国传统文化的发展。

（3）生活习惯是一个总称，包含衣食住行等方面。在中国涉及地区和民族的生活习惯差异，全世界涉及东西方文化明显的差异。

三、区域文化的类别

（一）建筑类

全世界的建筑因文化背景的不同，特点也各不相同。中国建筑、欧洲建筑、伊斯兰建筑被认为是世界三大建筑体系，又以中国建筑和欧洲建筑延续时代最长，流域最广，成就也就更为辉煌。中国历史悠久，古建筑也是世界上历史最悠久，体系最完整的，从单体建筑到院落组合、城市规划、园林布置等在世界建筑史中都处于领先地位。故宫是中国建筑的代表，它又称紫禁城，是明、清两代的皇宫。伊斯兰建筑包括清真寺、伊斯兰学府、哈里发宫殿、陵墓以及各种公共设施、居民住宅等，是世界建筑艺术和伊斯兰文化的组成部分。其以阿拉伯民族传统的建筑形式为基础，以其独特的风格和多样的造型创造了一大批具有历史意义和艺术价值的建筑物。欧洲建筑包括古罗马建筑、罗曼建筑、哥特式建筑、文艺复兴建筑、巴洛克建筑等。

中国自古地大物博，建筑艺术源远流长。我国古代建筑的类型很多，主要有宫殿、坛庙、寺观、佛塔、民居和园林建筑等，例如陕西的半坡遗址、万里长城、河北赵县的安济桥、山西应县的佛宫寺木塔、明清两代的故宫和古典园林等。这一系列现存的古建筑技术高超、艺术精湛、风格独特，在世界建筑史上自成系统，独树一帜，是中国古代灿烂文化的重要组成部分。

西北窑洞是分布于黄土高原地区的一种古老的建筑，分为靠崖式窑洞、下沉式窑洞、独立式窑洞等。在陕宁甘地区，由于黄土层较厚，居民便凿洞而居，这种生土建筑具有简单易修、坚固耐用、冬暖夏凉和舒适节能的特点，在周先祖时期产生，唐宋时期种类和数量增多。福建土楼多位于闽南山区，宋元时期产生，于明末、清朝和民国时期发展成熟。材料多以土、木、石、竹为主，楼体坚固耐磨，有防火、防风、抗震和冬暖夏凉的特点。外来引进的建筑，要么是富人的奢侈品，要么是一时流行，不过，若是外来建筑能适应地方特点，则也可以成为地方建筑特色。例如上海的石库门房子，就是引入英国的建筑风格，不过已经被上海人所接纳，并作了改进，成为了现在上海的地方特色建筑。其以石头做门框，以乌漆实心厚木做门扇，以木轴开转并配有门环，在开关门时会发出回响声。石库门建筑具有包容性和大众性，并使其具有西方建筑特色的同时又保留了中国传统的天井、厢房、灶间等部分建筑。

太和殿，又称金銮殿，处于北京故宫南北主轴线的显要位置，建立在 5 米高的汉白玉台基上，台基四周矗立着雕龙石柱。这是宫殿类建筑群中最大的建筑，殿高 36 米，宽 63 米，面积为 2380 平方米。大殿正中 2 米高的台子上是金漆雕龙宝座，宝座背后是高雅的屏风，还有沥粉金漆的龙柱和精致的蟠龙藻井，富丽堂皇。在明代时主柱体的材料使用的是楠木，后由于木材的采取十分困难，清代重建后改用松木。太和殿是中国现存的最大木构架建筑之一，是中国文化建筑的代表之一。

游客一到凡尔赛宫入口处，就能够看到路易十四骑马的雄势铜像。凡尔赛宫前面是宽阔的御花园，花园两旁种满对称又整齐的树林和有美丽图案的花圃，以及亭台楼阁，小桥流水，繁花似锦。此外还有 1400 多个各种造型的怪兽雕像喷泉，这些喷泉又和塞纳河相连，构成了一幅极富有欧洲古典浪漫的画面，使人流连忘返。凡尔赛宫是西方文化建筑的代表之一。

（二）饮食类

鲁、川、苏、粤四大菜系形成历史较早，后来，浙、闽、湘、徽等地方菜系也逐渐出名，于是形成了我国的"八大菜系"。这些菜系是在一定地域内，由于气候、历史、物产和饮食习惯的不同，逐渐形成了具有自身特色烹饪技艺的地方菜肴。

川菜作为中华料理的集大成者，分为上河帮、小河帮、下河帮三派。其用料多变，菜式多样，口味厚重丰富，善用麻辣提味，初期以"尚滋味""好辛香"为其特点，中期以"物无定味，适口者珍"为其特色，直至今日，以"一菜一格，百菜百味""清鲜醇浓，麻辣香甜"为最大特点。由于四川属于中亚热带湿润气候，地处盆地，气候闷热潮湿，所以多用可以除湿的花椒、辣椒作为调料。

山珍海味可以运输，而民间的日常饮食习惯则不能。如：藏族的酥油茶主要是取材于当地，或是运输到当地，是当地的老百姓吃得起且经常吃的；蒙古族的饮食主要以羊肉和各种奶制品为主，是因为蒙古族居住区地处广阔的草原，资源丰富，生态稳定，有助于畜牧业的发展。饮食习惯，比如东北，由于气候寒冷，炕作为唯一的热源，很多活动都会在炕上进行，经常坐在炕上吃饭；新疆的手抓饭，可以用手感受到食物的细腻与温度，吃起来快捷、省事。

（三）语言类

方言是民族的语言艺术，具有地区性文化特色。中国是一个极具多元化的国家，在方言上就有七个方言区，分别为北、吴、湘、赣、客、闽、粤区。方言在中国历史上传承千年，有着丰厚的文化底蕴，它能增加人与人之间的感情，而且人们要表达的部分意思只有方言才能表达清楚。中国的文字虽然是统一的，但是方言一直是不统一的，这也使方言成为了媒介交流语言在文字外的补充。

我国早在春秋战国时期就已经存在不同的方言。人们经常所说的同乡通常是指说同一方言的一群人。在政治活动中，同乡容易走到一起，利益往往一致。例如，樊哙作为刘邦的老乡，他是跟随刘邦最久的人，两人无话不谈，除鸿门宴外，樊哙为刘邦立下无数功劳，作为西汉的开国大将军，虽是一介武将却被封为左丞相。宋太祖赵匡胤不允许南人担任丞相，因此宋初的宰相都是北人，而不予以重用的原因之一便是听不懂南人的方言。这里的南人是指长江以南、云贵高原以东的居民。云贵高原在明代前都被称为"蛮夷之地"。

（四）信仰类

宗教信仰是信仰中的一种，是指信奉某种特定宗教的人群对其所信仰的神圣对象由崇拜认同而产生的坚定不移的信念及全身心地皈依。除大宗教外，其他信仰也有很强的地域性。于中国而言，贯穿历史的宗教就是带有神话色彩的道教，以下为几个极具代表的神话人物。

二郎神杨戬是历史上有名的水神，被称为"清源真君"。由于中国自古水灾频发，水灾其威力不亚于一次战争所造成的损失，所以百姓对水灾充满了恐惧。古人认为水患是蛟龙等水怪造成的，只有除掉水怪才能免除水患，于是便有了二郎神斩蛟治水的故事。四川都江堰的二王庙由秦朝李冰率众修建，就是因为古人信奉和相信二郎神能够请水祛病、护国。

"刘猛将军"一说指刘承忠。有书说："承忠元末驻守江淮，会蝗旱，督兵捕逐，蝗殄灭殆尽。后元亡，自溺死，当地人祠之，称之曰刘猛将军。"一说指刘锜，是传说中灭蝗保稼之神。宋景定四年，北方发生蝗灾，蝗虫所到之处寸草不生，于是便派他治理蝗患。他死后，古人修建了"刘猛将军"庙，用以祭祀他。无锡南刊沟旧的"刘猛将军"庙中有对联云：

> 卧虎保岩疆，狂寇不教匹马返；
> 驱蝗成稔岁，将军合号百虫来。

江西南昌市西山万寿山的寺庙中有一锁龙井，传说是许真君御孽龙的地方。许真君为晋代道士许逊，字敬之，南昌人，师傅是著名的道士吴猛，号称大洞真君。传说古时蛟龙作乱带来山洪，他震蛟斩蛇，为民除害，一举成名，弟子众多，便被尊为净明教教祖。

嫘祖，又名累祖，为西陵氏之女，轩辕黄帝的元妃。由于她发明了栽桑养蚕技术，后人为了纪念这一功绩，便尊称她为"先蚕娘娘"。四川省盐亭县有嫘祖故里，被命名为

"嫘祖文化圣地"。在河南省西平县也有嫘祖故里，地处吕店乡的董桥遗址。

妈祖，又称天妃、天后、天上圣母、天后娘娘、湄洲娘妈等，是北宋福建莆田湄洲屿的一位普通女子，姓林名默娘。湄洲屿人民以海为田，以渔为业，然而海上的气候变幻无常，常有船沉人亡的危险，作为巫女她经常海上救人和为民治病。于是她死后，乡人感其生前为民治病，海上救人的恩德，就在湄洲屿为其立庙祠，妈祖便成为了中国东南沿海的海神。原九牧祖祠在福建省莆田县西天尾乡龙山村的乌石，距市区约七公里。原祠因历经兵燹毁球，明末修葺，规模已不如前，后九牧后裔又在城内前埭另建祖祠。

民间信仰源自中国社会历史，具有地域性、分散性、自发性、民间性。神话人物故事发源于这个地方，并对这个地方有其特殊的意义，拥有不同地域的差异性，不可取代，这就是民间信仰地域性的一种体现。

（五）自然环境类

自然条件包括地形条件、气候条件、土壤条件、动植物资源、矿产资源、水利资源、土特产等。由于自然条件不同，我国分为许多不同的区域。

由于我国的南北文化差异较大，造成了我国南北方的自然景观和人文景观存在显著的差异。这是由于我国南北双方所处的地理位置、气候特征、历史文化、风俗习惯以及政治经济活动等方面的不同造成的。

中国地理的南北分界线是秦岭—淮河一线。陕西省在地理上跨越南北分界线是元朝统一后从军事角度的考虑进行划分的，打破了南北文化的差异，陕西南部的文化与四川的文化相近，都属同一地理环境形成的文化。

我国南北地理间文化差异大是因为古代交通运输能力较差，即使是当时交通最方便的南北大运河，从杭州到北京最快也需要很长时间。没有机械运输的年代，物资的交流是很困难的。古时我国东南部地区经济较好，但向西北运输物资却很困难，由于物资需要逆流而上，这种物资运输方式不便也是造成地方分割的原因。

地域文化离开了自然环境则很难存在。最好的例子是北方的旗人进入北京后，民族文化发生了变化。旗人即满族人。根据宣统二年的统计，老北京人中旗人的总人口高达62万多，而当时老北京的总人口不过111.91万人，老北京人中旗人的人口数量是汉族人口的两倍之多。从清朝初年开始，旗人逐渐地形成了自己独特的生活方式，八旗旗人在衣食住行上都呈现出自己独特的民族特色。大清时代老北京人的服饰十分复杂且讲究，有官吏服饰、平民服饰之分，还有季节之分，以及穿着场合之分。

游牧民族文化崇拜、依赖、适应大自然，与大自然融为一体，是与大自然相互适应。游牧民族通过接受汉文化中的农耕文化，学习耕作技术和科学发明，可以了解到汉文化中农业绵延不断、长盛不衰原因。农耕文化具有地域多样性、民族多元性、历史传承性和民间乡土性的特点。

（六）非物质文化遗产类

非物质文化遗产包括：① 传统口头文学以及作为其载体的语言；② 传统美术、(梅花篆字)书法、音乐、舞蹈、戏剧、曲艺和杂技；③ 传统技艺、医药和历法；④ 传统礼仪、节庆等民俗；⑤ 传统体育和游艺；⑥ 其他非物质文化遗产。

非物质文化遗产的最大特点是没有脱离民族特殊的生活生产方式，是民族个性、民族审美习惯"活"的显现。它依托于人本身而存在，以声音、形象和技艺为表现手段，并以身、口相传作为文化链而得以延续，是"活"的文化。因此对于非物质文化遗产传承的过程来说，人的传承就显得尤为重要。

自从 2005 年国务院第一次提出要进行非物质文化遗产保护以来，我国的非遗事业已经走过了 12 年的时间。在这 12 年里，审批通过的国家级非物质文化遗产已经达到了 1372 项，其中已有 39 个项目跻身世界级非遗，项目总数位居世界第一。但因为中国历史悠久，幅员辽阔，民族众多，非遗项目分布广泛，仍有很多非遗项目已经或者濒临失传，因此需要我们进一步进行有效的保护和传承非遗文化。下面以昆曲和京剧作为代表进行说明。

昆曲原名"昆山腔"或简称"昆腔"，是中国古老的戏曲声腔剧种，现又被称为"昆剧"，流行于江苏、上海、浙江、北京、湖南、江西等地。其糅合了唱、念、做、打、舞蹈及武术等，以曲词典雅，行腔婉转，表演细腻著称，被誉为"百戏之祖"。

京剧是中国五大戏曲剧种之一。京剧场景布置注重写意，腔调以西皮、二黄为主，用胡琴和锣鼓等伴奏。京剧的分布以北京为中心，遍及中国。京剧的前身是徽剧。

第二节　区域文化元素提取

一、区域文化元素提取原则

（一）色彩提取

色彩是极具表现力的形式要素，其能直接地影响人的感情。色彩又分为无彩色系和有彩色系，其中有彩色系具有色相、纯度、明度三个特征，在色彩学上也称为色彩的三大要素或色彩的三属性，而无彩色系是指黑色、白色和灰色三种颜色。

色彩构成即色彩的相互作用，是指利用色彩在空间、量与质上的可变幻性，按照一定的规律去组合重塑，最终使人产生不同心理效果的过程。

色彩是产品给人的第一印象，色彩的选择能在视觉上给人冷暖、轻重、软硬、前后、大小等感受，也对人的心理有很大的影响。其本身也具有一定的效果，例如：温暖的暖色调、冷清的冷色调、轻快的高明色调、深沉的低明色调等。色彩的选择搭配给予了产品独特性并赋予了其个性。色彩的推移是指色彩按照一定规律有秩序地排列、组合，也是一种表达形式。产品中色彩推移的运用具有强烈的闪光感和浓厚的装饰性，甚至可以使人产生视觉错误，例如：错位、透叠、变形等。色彩的混合是指两种或多种色彩互相混合。产品的色彩混合多用减色法。减色法混合是指在光源不变的情况下通过混合颜色降低明度。

产品色彩处理不当不但会影响产品功能的发挥，还会让使用者出现枯燥、乏味、沉闷等感觉。所以产品色彩的运用需要讲究色彩平衡、色彩比例、色彩节奏、色彩呼应、色彩重点等，具有一定的色彩秩序。

在设计过程中，区域文化的色彩可以从服饰、建筑、自然、地理等方面提取，与产品加以组合运用。例如：故宫建筑的色彩提取，羌族服饰的色彩提取，自然生物的色彩提取等。

如图4-4至图4-7所示的这几款PANPAN儿童相机以四川最富特色的国宝动物——大熊猫为设计原型，样式小巧可爱。它依据孩子的天性而设计，具有易用、易携带及趣味性强等特点，可充分满足孩子的好奇心。孩子可以通过相机共享儿童服务系统与特定的游乐园进行互动，在与亲人分享精彩时刻的同时，还可以实现实时定位、照片打印和预约排队等功能。这款相机安全的材质、友好的操作界面及清晰的照片可以充分满足孩子的探索需求，并在使用过程中可提升他们的感知和审美能力，开阔知识视野，收获有意义的成长体验。

图 4-4　PANPAN 儿童相机

（设计者：李诗颖）

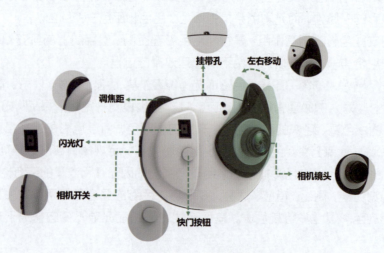

图 4-5　PANPAN 儿童相机正面按键

（设计者：李诗颖）

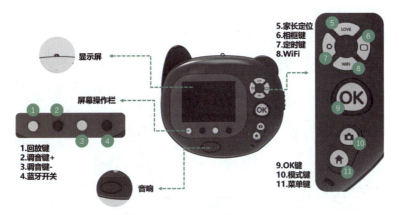

图 4-6　PANPAN 儿童相机背面按键

（设计者：李诗颖）

图 4-7　PANPAN 儿童相机配色

（设计者：李诗颖）

（二）造型提取

造型指塑造物体特有形象，也指创造出的物体形象。造型的提取要遵循美学的特点和规律，给人感觉要有稳定性、可靠性、秩序性、独创性、动感性、体量感。

立体构成是指以实体占有空间、限定空间，并与空间一同构成新的环境、新的视觉产物。

产品的造型设计可以分为分割和组合两种方法，即通过对几何体的表面进行分割或组合基本体以产生新的几何体。正确的比例尺寸也是造型的一大要素，设计过程中需要根据实际情况确定和调整产品的尺寸比例。除了产品本身的造型设计以外，还需要考虑人机工程。人机工程是指人、机器、环境三者之间的关系，即使设计的产品与人体的大小、形状、活动和结构相协调，从而做到操作时省力、舒适、准确、快速和安全。

产品造型可以从建筑、信仰、自然、环境等方面中提取，例如：蜂巢内部的造型提取，古代铜钱的造型提取，故宫屋顶的造型提取。

如图 4-8 所示的渝韵山水餐具设计以重庆山水文化为背景，重庆——山水之城、美丽之地，本作品的创作灵感正是来源于此。重庆的地貌特征造就了重庆人的性格以及重庆独特的渝文化。于是设计者便选用山水的外形以及重庆建筑的剪影来表现这套以渝文化为特点的餐具伴手礼。勺、叉、筷手柄的造型以山水为外形进行了简化设计；沾碟的设计以山为图案，当沾碟注入沾水时便形成了水包围山的景色，既特别，又突出了渝文化特点；餐盘的图案采用了重庆的地标性建筑剪影。产品通过采用餐具伴手礼的形式，希望更多的人能感受到重庆的美与文化的独特。

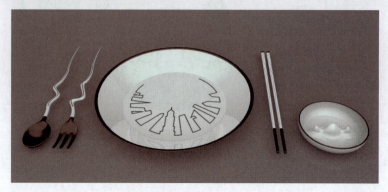

图 4-8　渝韵山水餐具设计

（设计者：文青青）

（三）花纹提取

花纹泛指图案、纹理。按内容可分为抽象与实物图案；按来源可分为民族与自然图案；按出现时间可分为古代、近代和现代图案；按个体形式可分为独立、连续、轴对称与混合图案。

图案的艺术美法则遵循变化与统一、对称与均衡、条理与反复、对比与调和、节奏与韵律五个规律。图案是由历代沿传下来的具有独特民族艺术风格，作为我国历史文化传统中的一种艺术表现形式，与人们的生活、习俗以及文化背景有着极为密切的关联。产品中图案的运用需要掌握"度"，过于繁琐或单调的图案都不适合采用。

图案可以从服饰、自然、建筑等方面进行提取，例如：羌族服饰的图案提取，建筑壁画的图案提取，自然植物的图案提取等。以如图 4-9 至图 4-12 所示的一组图为例。用"藏""羌""彝"汉字的演变过程为基础造型（比如甲骨文、象形字、金文等字体的演变过程）进行再设计，将汉字的演变与创新过程通过徽章的形式来呈现，简单大方，纪念价值与文化创意共存。其色彩来源于藏族、羌族和彝族的民族服饰，更具有民族特色。

图 4-9　藏族创意字体演变系列　　　　　图 4-10　羌族创意字体演变系列

图 4 - 11　彝族创意字体演变系列

图 4 - 12　藏、羌、彝族创意字体演变系列徽章

二、区域文化元素提取方法

（一）历史文献法

对一些过往的文化现象，如"中国禅宗的形成"不能进行现时调查，只能从历史文献中进行收集与分析，这就是区域文化元素历史文献法。如中国传统的佛教现存的佛教经书皆为唐代时由印度传入中国的。但现代中国佛教在历史的长河中受到儒家、道家的影响，随着中华文化的主体而进化，和印度本土佛教略有出入。

从如图4-13和图4-14所示的图中可以看出印度佛像与中国佛像的区别：中国佛像受犍陀罗风格影响，再加入中国式的审美观后，面相丰润，细眉长目，高鼻，薄唇，额头较宽，大耳下垂，表情庄重而不失柔和，身材比较匀称协调，衣着轻薄贴身，线条流动柔和，衣褶转折自若；而印度佛像受秣菟罗风格影响，偏向印度本土艺术的风格，与犍陀罗佛像有较大区别，秣菟罗造像风格承继传统印度的薄衣贴体、宽肩厚胸、螺发丰颊等造型特征，体现人体的生命感和力量感，与原犍陀罗佛像衣质褶纹厚重粗犷、沉静内省的风格形成强烈对比。

图4-13　中国佛像　　　　　　　　　图4-14　印度佛像

（二）民族学调查法

民族学是以民族作为研究对象的学科，它把民族这一族体作为整体进行考察，研究民族的起源、发展以及消亡的过程。民族学调查法是指通过对后进民族的调查，积累丰富的文字资料，记录非物质文化遗产，是具有本学科特色的研究方法。民族学调查法不仅推动了民族学学科的发展，还对其他相关学科产生了重要影响。

民族学研究不仅需要借鉴前人的研究，还需要到所研究民族的居住地实地调查。经过专门培训的民族学工作者亲自进入民族地区，通过直接观察、具体访问、居住体验等方式获取研究资料。

如果要研究印度"真正的村庄"，则必需审视全球化过程中印度社会底层的传统观念、意象和本土文化,从"真实的世界"中深入挖掘融入了地方特色的人或物,如低价、好用的手动包装器,用废弃包装和木头制成的小贩手推车,用废弃包装制成的木质擦鞋支架,用来帮助农夫学习农业技术的游戏棋盘等,如图4-15所示。

图4-15 印度特色的人和物

又例如要研究中国传统民间工艺,就必须观察世代相传的具有百年以上历史以及完整工艺流程,具有鲜明民族风格和地方特色的工艺品种和技艺;深入研究民间艺人生活工具,如简易、实用的糖画小车,细腻、具有黏性的泥塑黏土,由台板、幕布、影窗一类构成的皮影戏台等,如图4-16所示。

图4-16 中国传统民间工艺

（三）分类比较法

分类比较法是指按照物质、意识形态划分文化，并根据对象在某些方面的相似点和不同点而得出结论。如图 4-17 和图 4-18 所示的颐和园与苏州园林，两者之间的相似之处在于同属于中国园林，重视人与自然的亲和；不同之处在于两大园林地处不同的地理环境，前者是北方大型皇家园林，后者则为江南小型私家园林。

图 4-17　颐和园

图 4-18　苏州园林

颐和园作为北方大型皇家园林，地处北京西郊一带，属于温带季风气候，年温差大，最冷月份平均温度为 0℃ 以下，雨季较短。园中有白皮松、槐树、连翘、竹子、玉兰、紫薇等植物，湖中种植有荷花、芦苇，使其具有浓郁的自然气息。颐和园建筑体量大、宏伟且色彩浓厚，殿堂楼阁有红垣、黄瓦、金碧彩画，既有中国皇家园林恢弘富丽的气势，又充满了湖光山色自然之美。

苏州园林作为南方私家园林，地处水乡苏州，属于亚热带季风气候，年温差小，最冷月份平均温度为 0℃ 以上，雨季较长。植被多为罗汉松、梧桐、银杏、芍药、芭蕉等，湖中种植荷花、睡莲等。建筑体量小，色彩清秀且淡雅，粉墙黛瓦与形状各异的花窗在细节之处尽显典雅精致，虽没有皇家园林的气派却精巧别致，美不胜收。通过叠山理水，栽植花木，加以园林建筑，形成了充满诗情画意的山水园林。

（四）观察法

观察法是指有目的、有计划地观察文化现象，细心观察各种现象并做出系统性的记录，包括观察人物、组建、环境、时间、行为和互动过程。

由于观察法会运用听觉、视觉、嗅觉等感官知觉感受环境，所以具有一定的局限性，观察者常常需要借助仪器辅助观察。观察法还可分为核对清单法、级别量表法、记叙性描述等方法，具有目的性、计划性、系统性和可重复性。

使用观察法需要遵守的原则有：① 密切注意各种细节，详细做好观察记录；② 确定范围，不遗漏偶然事件；③ 积极开动脑筋，加强与理论的联系；④ 遵守法律和道德原则。

如图 4-19 所示的倒流香炉就是通过在生活当中对环境的观察设计出来的。倒流香炉一般有一孔或者有一槽对准塔香小孔，利于烟下流。使用倒流香炉时，由于点燃香的时候能产生较多的杂质微粒，而烟含有微粒比空气重，烟会往下沉，最初不会有香烟从底部流淌，过一会儿才从底部缓缓流出，这是利用了虹吸原理。

图 4-19　倒流香炉

三、区域文化元素提取案例解析

以设计一套羌族主题酒店的餐具为例来介绍区域文化元素的提取方法：首先运用色彩提取原则，提取了羌族服饰当中的黑白色和彩色，然后运用造型提取原则，对羌族服饰中女性衣领处的云肩与包头帕进行提取与简化变形，如图 4-20 所示，最后运用图案提取原则，对羌绣图案中的植物图案和羊头图案进行提取与重组，如图 4-21 所示。

图 4 – 20　羌族服饰元素提取

（设计者：李来）

图 4 – 21　羌绣图案提取

（设计者：李来）

元素提取运用历史文献法查阅资料后，了解到羌族的羌绣是各种丰富多彩的花纹与羌族服饰相融合的产物，羊图腾是羌族独具特色的重要元素。然后通过民族调查法，了解到羌族羌绣图案的纹样可分为单独纹样、二方连续纹样和三角纹样等，是自然物象的简化与提炼。再通过分类比较法，将羌族与傣族等其他民族服饰比较，了解到羌族的服饰相较于其他民族运用了更多的图案，如羌绣中植物纹样的运用。最后通过观察法，实地考察后发现云肩又叫披肩，作为衣服的外层具有装饰作用，云肩外部有四个羌族花纹的造型，内部则为八边形的造型；包头帕是羌族女性服饰的重要部分，以黑色、红色、蓝色为主。

　　如图4-22所示的椅子运用了皮特·科内利斯·蒙德里安的作品《红、蓝、黄构图》（如图4-23所示）的元素设计。首先运用色彩提取原则在画中提取了黑、白、红、蓝、黄五种颜色，然后通过造型与图案提取原则，将画面中的长方形色块与方形色块提取出来。

图4-22　椅子

图4-23　红、蓝、黄构图

通过历史文献法了解到椅子按结构不同可分为固定式、旋转式、折叠式、组合式、悬挂式、充气式等；按形态分为靠背椅、扶手椅、罗圈椅、交腿椅等；还可按用途、材料和加工工艺进行分类。椅子的功能、尺度与人体生理特点密切相关，由于椅子的用途不同，对椅子的功能要求也各异。椅子功能是人们工作和休息的重要条件，不恰当的功能、尺度会影响人们的工作效率和身体健康。

通过民族学调查法了解到现代西方绘画抽象派来源于立体派和未来派。他们主张把物质世界的外在形式肢解或时间化，立体派和未来派并未完全与现实的具体事物分离，而真正的抽象派则一开始就断开与自然的关系，以纯粹的线、色、块作为纯造型语言。蒙德里安的艺术所追求的是另一种风格，其基本特征是以几何图形为绘画的基本元素，他崇拜直线美，主张透过直角可以静观万物内部的安宁，所以他倡导的新造型主义其实就是构成主义的绘画表现。蒙德里安和他的作品如图 4 - 24 所示。

图 4 - 24　蒙德里安和他的作品

第三节　区域文化元素设计创新

一、区域文化元素创新原则

（一）文化精神创新

历史文化精神的运用和深入研究是文化精神创新的核心。中华文化的基本精神表现为自强不息、厚德载物、居安思危、乐天知足、崇尚礼仪等特征。文化创意产品中传统文化精神的运用会增加使用者的代入感。

　　传统文化精神是一个演变的过程，例如中国传统文化的主流思想——儒家思想经历了春秋战国时期的创立与发展，西汉时期的改造与独尊，宋明时期的转型与成熟和明清之际的批判与继承。儒家思想在世界上产生了广泛影响，成为中国文化的象征，如图4－25所示。对于儒家思想，既要继承其精华，如加强个人道德修养和民族气节，注重社会责任感等，又要剔除其中的封建糟粕，如君臣等级观念、男女不平等、专制等思想。

图 4－25　儒家思想

　　中国的传统节日包含春节、元宵节、端午节、中秋节、重阳节等，这些节日不仅清晰地记录着中华民族先民们丰富多彩的社会生活文化内容，也积淀着博大精深的历史文化内涵。其中春节作为百节之首，是人们增深感情的纽带，有贴年红、守岁、拜年等习俗。春节的习俗不仅具有辞旧迎新的美好祝愿意义，还体现了中华民族的思想信仰、理想愿望、生活娱乐和文化心理。

（二）文化外在创新

　　传统文化的外形提取运用在产品的造型设计中，表现在产品的外形、色彩、风格等方面，可让文化创意产品造型设计与众不同，具有代表性。

　　中国的服饰文化如同中国文化一样，汉唐以来融合了世界各民族的优秀文化元素，逐渐发展为我们现在特色服饰文化。中国的服饰款式多样，色彩鲜明，工艺精湛，风格独特，是生活习俗、审美情趣、色彩爱好、文化心态、宗教观念等的沉淀构建。服饰文化是社会文化的重要组成部分，随着经济、科技和文化的发展，服饰的文化意义日益突出。一个人的服饰不仅展示着其外在形象，也反映着其内在的文化修养，进而影响着别人对他的认知与评价，也起着彰显国家文化、民族文化的作用。

　　各民族服饰存在差异性。例如西双版纳地区傣族女子服饰为窄袖对襟短衣、筒裙、银腰带；德宏地区女子婚前穿大襟短衫、长裤、小围腰，婚后是对襟短衫，黑筒裙；新平、元江一带，女上衣的腰际处和裙腰处常绣花，饰银泡、银穗，故有"花腰傣"之称；傣族男子一般为小袖短衫、长裤、白或青布包头，冷天习惯披毛毯，如图4－26所示。而白族女子穿白上衣、蓝裤、黑紫丝绒背心，扎绣花围腰，用花包头、银首饰，着百节鞋；白族男子为白衣裤、黑背心、白或蓝布包头，绣花挂包；高寒地区常穿羊皮披肩，如图4－27所示。

图 4-26　傣族服饰　　　　　　　　　图 4-27　白族服饰

（设计者：郑艳川）　　　　　　　　　（设计者：郑艳川）

（三）文化的发展过程创新

文化的发展过程创新运用于产品的使用过程，是生活中的某种操作行为以另一种形式表现在产品上的创新。文化创意产品熟悉的使用过程会给人以怀旧、回忆、互动的感受，这是由于人体肌肉具有记忆的功能。

中国的饮食文化造就了中国餐具的外形，也产生了与众不同的使用方式。如拿取食物的餐具就与其他国家不同，中国多用筷子夹取，而西方国家则多用刀叉进食。这一餐具的使用方式不同就是一种不同的餐具使用文化习惯。

例如中式餐具（如图 4-28 所示）和西式餐具（如图 4-29 所示）由于中西文化产生的餐具差异，也形成了不同的用餐习惯，西方多用刀叉，采用分食制，讲究独立，餐桌上进食较安静；中国使用筷子，采用合食制，讲究集体用餐，餐桌上进食较热闹。西方人饮食主要以肉类为主，蔬果为辅，被称为"食肉民族"；中国的农业以种植业为主，人们的饮食以五谷杂粮为主，辅之以肉类，这样的饮食方式最终使我们的先祖选择了筷子而淘汰了叉子。饮食方式是人们在长期的社会实践下的历史性、文化性的选择。

图 4-28　中式餐具　　　　　　　　　图 4-29　西式餐具

分食制向合食制的转变以及合食制的确立，体现了当时封建礼制的松动，少数民族文化的冲击，平等观念的提升，后来的集体主义倾向，以及重视血缘关系和家庭观念的反映。西方的分食制则与西方人崇尚的个人主义有关。分食制和合食制体现的是不同民族特有的不同的价值观念。

二、区域文化元素创新方法

（一）应用"文化的精神内核"

中国文化精神的内核为：追求和谐，崇尚和美；兼容并蓄，有容乃大；见利思义，推己及人。其中"和谐"表现了中华民族追求和谐和热爱和平的精神，如儒家提倡的"礼之用、和为贵""己所不欲，勿施于人"；墨家提倡的"非攻""兼爱"；道家提倡的"知和日常"等。

进行文化创意产品创作时要充分体会中华文化的精神内核，然后吸收传统文化的精髓，找到合适的契合点，并与现代产品相结合，使传统文化融入现代人的生活，例如"吉祥八宝"钥匙挂饰设计，如图4-30和图4-31所示。吉祥八宝即八吉祥，又称八瑞吉祥，藏语"扎西达杰"，是藏族绘画里最常见而又赋予深刻内涵的一种组合式绘画精品。吉祥八宝大多数以壁画的形式出现，也有雕刻和塑造的立体形式，这八种吉祥物的形象与佛陀或佛法息息相关。

图4-30　"吉祥八宝"钥匙挂饰1

（设计者：邓圆宏）

这套挂饰对藏族"吉祥八宝"中的宝瓶、吉祥结、金轮、白海螺、妙莲、宝伞、白盖进行了再设计，采取木雕工艺，小巧精致，寓意吉祥。

图4-31　"吉祥八宝"钥匙挂饰2

（设计者：邓圆宏）

　　"福运到来"灯具如图4-32所示。蝠谐音"福",一只飞翔的蝙蝠通常寓意"福从天降""福运到来";蝙蝠寓意"遍福",所以一群蝙蝠则代表了幸福,福气满满,延绵长久之意,也是子孙代代幸福吉祥之意。与蝙蝠结合出现的图案多以它们的谐音代表好兆头,或者来源于美好的历史文化故事而成为深受人们喜欢的象征图案或图腾。

　　这组灯具设计,提取了蝙蝠的头部和尾部形态,进行图案化处理后组成一对灯具,既有"首尾相连"之意,又有"有头有尾"之意,更有"好事成双""福运到来"的含义。

图4-32 "福运到来"灯具设计

(设计者:邓圆宏)

(二) 应用"文化的外在形象"

　　茶文化、神话文化、诗歌文化、戏剧文化、园林文化等的文化外在形式分别为茶具、神像、诗集经典、脸谱、园林建筑等。其中茶文化中的外在形式——茶具,是茶文化的精神载体。茶文化的文化特征包括茶道、茶德、茶精神、茶联、茶书等,反映了中华民族悠久的文明和礼仪。

　　将传统物件时尚化,现代化,对传统图案图形进行提炼概括,打散重构等重塑化都是文化外在形式的提取方法。

　　习近平总书记指出:"孔子创立的儒家学说以及在此基础上发展起来的儒家思想,对中华文明产生了深刻影响,是中国传统文化的重要组成部分。"

　　例如,汉画拓印体验产品设计通过对济宁曲阜等三孔文化景区的博物馆及个人收藏的汉画像石进行资料整合与提炼,推出了系列文创产品。这种产品突出创新及特色元素的引入,使产品的参与性更高,互动性更强,从而吸引人们踊跃购买。汉画像石被联合国教科文组织评为世界三大艺术瑰宝之一,其记录和传播的儒学故事已成为中华传统文化的重要部分。在产品设计上,将汉画原像石缩小为木制拓印件,使原本体积较大的汉画像石与现场体验的拓印流程浓缩成一个小巧的体验式文创产品,还设计了一些故事卡片,并将其与拓片结合起来,让大众在感受拓印乐趣的同时知晓图案所传达的故事含义。拓印设计如图4-33至图4-36所示(设计团队:孙华杰、李诗颖、李桃、刘维祥、陈雅昕)。

图 4 - 33　拓印体验礼盒　　　　　　　　　图 4 - 34　拓印体验礼盒打开方式

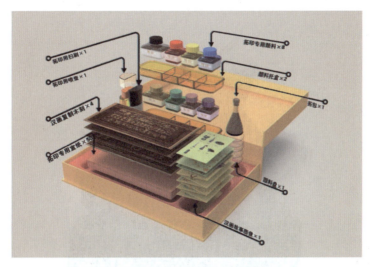

图 4 - 35　拓印体验礼盒儿童款

图 4 - 36　汉画拓印体验产品设计

（三）应用文化的过程现象

文化的过程现象的特点是持续可发展，是政治经济的反映，不同的特征造就了各具时代特色的文化成就。人们收入水平不同使得其思想高度也不同，对于产品的诉求也就不同。

文化的过程现象是寻找事物之间在操作方式、使用方法上暗含的相似性，把一个事物的某种属性应用在另一事物上。

如图4-37和图4-38所示的首饰盒设计、中式盘扣喜帖融合了古代的盘扣元素（又称为盘纽，或者纽结、纽绊）。盘扣是我国传统服装中使用的一种纽扣，用来固定衣襟或装饰，盘扣是中国结的一种。在中国古代，"结"的式样很丰富，有束衣之"结"，有装饰之"结"，"绳结"在人们心目中代表着各种美好吉祥的寓意。盘扣的设计代表着人们对美好生活的寄托，不论从制作技巧看，还是从材料运用看，都具有特定的历史文化和艺术价值。

图4-37　首饰盒设计

图4-38　中式盘扣喜帖

三、区域文化元素设计创新案例解析

　　羌族酒店主题餐具的设计如图4-39和图4-40所示。设计者在对羌族文化元素进行提取之后，首先运用区域文化元素设计创新原则对羌族文化精神进行创新。羌绣多以羊角花、羊头、祥云等图案为主，还吸收了字纹、水火等图案，寓意深刻，代表了羌族人民对生活的美好愿望。设计时提取出羌绣植物图案进行二方连续后作为餐具的装饰图案，羊头图腾作为点缀，然后运用文化外在的创新，对羌族服饰中的云肩和包头帕外形进行提取简化，以云肩的造型作为餐具盘子的外形，包头帕作为筷子上部的装饰部分。碗和水杯的两侧都为羊头雕刻镂空造型，呈对称状，打破了我们生活中常见的餐具造型，筷托的设计也是根据羊图腾而创新出羊角造型。餐具共分为盘子、碗、杯子、筷子、筷托五个部分，颜色选择了白色为主色调。每一个餐具均含四件，整套餐具外部有四个羌族花纹造型的餐盘，四个合在一起形成八边形造型餐盘。

图4-39　餐具设计效果图

（设计者：李来）

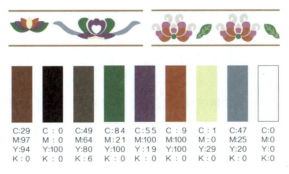

C:29	C:0	C:49	C:84	C:55	C:9	C:1	C:47	C:0
M:97	M:0	M:64	M:21	M:100	M:100	M:0	M:25	M:0
Y:94	Y:100	Y:80	Y:100	Y:19	Y:100	Y:29	Y:20	Y:0
K:0	K:0	K:6	K:0	K:0	K:0	K:0	K:0	K:0

图4-40　餐具设计花纹及配色

（设计者：李来）

　　兰赫里特·托马斯·里特维尔德设计的红蓝椅，如图4-41所示，将作品《红、蓝、黄构图》画面中较少比例的黑色与黄色作为椅子的主体支架，红色和蓝色作为椅子的主体部分，色块作为椅子的靠背、坐垫和支架。椅子整体为木结构，红蓝两色板块使其脱离材料形式上的整体性，具有简约平衡的特点，是设计者对一战的反思与对抗的表现。

　　红蓝椅设计具有鲜明的荷兰风格派特征，用方形、长方形木条和木板，按模数组合，红蓝色非常鲜艳夺目，具有高度立体主义象征特点，与风格派领导人物蒙德里安的绘画具有很多相似之处，也奠定了里特维尔德在风格派内的重要位置。

图4-41　红蓝椅设计

思 考 题

　　1. 以本地区域文化为例，进行元素提取与设计运用训练。

　　2. 举例分析具有中国优秀传统文化内涵的设计案例，特别是要总结出通过何种方式进行体现的。

　　3. 进行具有本地区域文化特色的文化创意项目设计初步尝试，并总结经验，分享成果。

　　4. 分享国际上具有代表性的文化创意设计案例，总结设计思路与方法。

第五章　文化创意产品设计方法与流程

　　文化创意产品以用户需求为动力、创意为源泉、文化为基础，是一种提供文化服务的物质载体，被广大消费者所追捧，推动了社会经济和文化消费的发展。文化与产品的创新设计是文化创意产品发展的关键要素。"器以载道"，古人对器物美感的追求不仅体现在器物的造型上，更是借用有形之"器"承载无形之"意"，传达了堪比人生价值的精神意境，强调文化意蕴的表达。文化创意产品作为人类社会一种特殊的知识性产品，是指将文化内容经创意处理后附加于现代产品中，其既具有物质属性，又承载了人们对精神追求的期望。它的重要之处是使文化、创意和设计形成一个可互动的系统，为产品植入了新的文化元素，呈现出有形的精神文化，实现文化与产品融合的创新设计。

　　本章主要阐述文化创意产品的设计方法与流程，分别对文化创意产品的基础设计理论、文化创意产品的造型要素、文化创意产品设计思维与方法、文化创意产品设计流程、文化创意产品设计过程管理进行阐述。通过本章的学习，读者能够运用设计方法更加系统地进行文化创意产品设计、开发与管理。

第一节　文化创意产品设计基础理论

一、文化创意产品的设计思维与方法

　　文化创意产品的设计开发是一个系统性项目，包括前期调研、素材搜集、方案策划、产品设计创意、设计实施、产品制模以及批量生产等相互关联过程。其中最重要的就是产品设计创意，这不仅关系到文化创意产品的呈现形态，也从很大程度上决定了产品销售的可能性。在消费者主导的产销模式下，很多人对文化创意产品设计跃跃欲试，而在设计技术与手段逐渐普及化的今天，人人献创意，让设计成为了可能，因此人人都可以创作出自己的作品，打造个性化的文化创意产品。当然，文化创意产品的设计也是需要相应的设计理念和创造性的设计思维。

（一）创造性思维形式

1. 抽象思维

　　抽象思维也称逻辑思维，是认识过程中用反映事物共同属性和本质属性的概念作为

基本思维形式，在概念的基础上进行判断、推理，反映现实的一种思维方式。

2. 形象思维

形象思维是一种表象——意象的运动，通过实践由感性阶段发展到理性阶段，最后完成对客观世界的理性认识。形象思维在整个思维过程中一般不脱离具体的形象，通过想象、联想、幻想，并常常伴随着强烈的感情、鲜明的态度，运用集中概括的方法而进行的思维。所谓表象是指通过视觉、听觉、触觉等感觉，在头脑里形成所感知的外界事物的感知形象——映像。通过有意识的、有指向的对有关表象进行选择和重新排列组合的运动过程，产生能形成有新质的、渗透着理性内容的新象，则称意象。

3. 直觉思维

直觉是人类一种独特的"智慧视力"，是能动地了解事物对象的思维闪念。直觉思维以少量的本质性现象为媒介，直接把握事物的本质与规律，是一种不加论证的判断力，是思想的自由创造。直觉思维也有缺点：例如容易把思路局限于较窄的观察范围内，会影响直觉判断的正确等。所以，创造性思维关键在于创新者主体素质的加强和必要的创作心态的确立。

4. 灵感思维

灵感是人们借助于直觉启示而对问题得到突如其来的领悟或理解的一种思维形式，是创造性思维最重要的思维形式之一。现代科学已经证明，灵感不是玄学而是人脑的功能，在人的大脑皮层中有对应的功能区域，即由意识部和潜意识部两个对应组织所构成的灵感区。灵感的出现有赖于知识长期的积累；有赖于智力水平的提高；有赖于良好的精神状态、和谐的外界环境；有赖于长时间、紧张的思考和专心的探索。

5. 发散思维

发散思维又称求异思维或辐射思维，它不受现有知识和传统观念的局限与束缚，是沿着不同方向多角度、多层次去思考、去探索的思维形式。发散思维有三个特性：一是流畅性，指能在短时间内表达出较多的概念、想法，表现为发散的"个数"指标；二是变更性，指思维不局限于一个方面或一个角度，表现为发散的"类别"指标；三是独特性，指能提出超乎寻常的新观念，表现为发散的"新异""独到"指标。

6. 收敛思维

收敛思维又称集中思维、求同思维或定向思维，是以某一思考对象为中心，从不同角度、不同方面将思路指向该对象，以寻找解决问题的最佳答案的思维形式。在创造性思维过程中，发散思维模式与收敛思维模式是相辅相成的，只有二者很好的结合使用，才能获得创造性成果。

7. 联想思维

联想思维是一种把自己掌握的知识与某种思维对象联系起来，从其相关性中得到启发，从而获得创造性设想的思维形式。

(二) 文化创意产品创造性思维训练

有人认为，只有天才才拥有创造性。其实不然，从科学与实践的观点来看，创造性人皆有之，即带有普遍性。另外，许多实事表明，设计、创造成果有时基本上与设计者、发明人原来所从事的工作，或与某一领域的专门经验无关。如最早的收割机是一个演员发明的；最早的潜艇是在纽约工作的一位爱尔兰教师发明的；轮胎是一位兽医发明的；水翼是一位牧师发明的；保安剃刀是一个售货员发明的；彩色胶卷的发明者则是一位音乐家。

1. 敏锐的直觉思维

直觉思维是指对一个问题未经逐步分析，仅依据内因的感知迅速地对问题答案作出判断、猜想、设想，或者在对问题百思不得其解之中，突然对问题有"灵感"和"顿悟"，甚至对未来事物的结果有"预感""预言"等。直觉思维是一种心理现象，它在创造性思维活动的关键阶段起着极为重要的作用，直觉思维是完全可以有意识加以训练和培养的。而且，直觉中往往蕴含着丰富的创造哲理、正确的洞察力。因此，从事文化创意产品设计工作需要多观察、多思考，鼓励思维中的反常性、超前性，也鼓励点点滴滴的直觉意识，不要轻易否定、丢弃。

2. 深刻的抽象思维

抽象思维以词为中介来反映现实，这是思维的最本质特征，也是人的思维和动物心理的根本区别。抽象思维是以概念为起点去进行思维，进而再由抽象概念上升到具体概念，只有到了这时，丰富多样、生动具体的事物才能得到再现，"温暖"取代了"冷冰冰"。可见，抽象思维与具体思维是相对而言的，可以相互转换的。只有穿透到事物的本质，暂时撇开偶然的、具体的、繁杂的、零散的事物表象，在感觉所感知不到的地方去抽取事物的本质和共性，形成概念，才具备了进一步推理、判断的条件。随着科学技术的发展，对客观事物本质的认识必然越来越深入，许多理论、概念、成果的内容则会超出一般表象的范围。所以，在文化创意产品开发阶段，挖掘文化深层含义与事物本质的抽象思维必然越来越重要。

3. 广阔的联想思维

文化创意产品开发阶段，联想思维越广阔、越灵巧，越能在已掌握的知识和特殊的思维对象之间建立广泛联系，从其相关性中得到启发，变未知为已知，进而有所发现，创造性地完成文化创意产品创意想法活动成功的可能性就越大。提高思维过程中从一类现象转到另一类内容相距甚远的现象的能力，即思维的广阔性。思维的广阔性首先表现在能够多方位、多角度地思考，呈现出立体的思维功能。其次表现在能克服思维功能的固定性，及时摆脱旧思维定势，转向新思路，或放弃无效的旧方法，采取新方法，比如，瓷胎竹编工艺品。

瓷胎竹编是成都地区独特的传统手工艺品，也是四川特产的一种，起源于清代中叶，当时主要用做贡品。竹丝越来越精细会导致其硬度及支撑度下降，制作者们想到了竹丝与瓷胎结合，从而形成了瓷胎竹编的创新形式。一方面为瓷胎披上了美丽外衣，宛如天然生成、浑然一体，解决了防烫问题；另一方面，两种材质结合创造出了新的茶具造型。瓷胎竹编产品只有四川生产，以其纪念性、地方性成为中外宾客优选的旅游纪念品。2008年入选第一批国家级非物质文化遗产扩展项目名录。瓷胎竹编设计如图5-1和图5-2所示。

图 5-1　瓷胎竹编茶具

图 5-2　瓷胎竹编制作过程

4. 丰富的想象思维

想象思维是人体大脑通过形象化的概括作用对大脑内已有的记忆表象进行加工，改造或重组的思维活动。想象思维可以说是形象思维的具体化，是人脑借助表象进行加工操作的最主要形式，也是人类进行创新活动重要的思维形式。利用想象思维，可在已有的文化创意产品形象观念的基础上，通过大脑的加工改造来组织、建立新的产品结构，创造出产品新的形象。想象力包括好奇、猜测、设想、幻想等，想象思维对文化创意产品设计前期起到重要的作用。

（三）文化创意产品设计的创新技法

1. 头脑风暴法

头脑风暴法是美国创造学家 A·F·奥斯本于 1901 年提出的创造技法，又称脑轰法、智力激励法、激智法等，是一种发挥群体智慧的方法。

（1）头脑风暴法的基本要求：与会人员应控制在 10 人以内；会议时间在 60 分钟以

内；会议主题明确，事先做好准备。

（2）头脑风暴法的原则：鼓励自由思考；禁止批评；人人平等；有的放矢；及时记录；不做定论；推迟评价。

（3）头脑风暴法的操作流程：事先通报主题；创造自由氛围；介绍简洁明确；概念图文结合；概念评审；深入构思。

通过头脑风暴法的实施，可为企业及设计团队解决实际问题；可增强设计人员参与积极性；有利于加深设计者对问题的理解程度；集中了集体智慧，以达到启发的目的。但在实施过程中，要求组织者要善于引导，准确把握讨论内容方向，避免讨论内容无边无际。

2. 类比法

不同事物之间存在着不同程度的对应，有的是本质对应，有的是构造对应，有的是形态对应或表面对应。运用类比法可以在文化创意产品创意想法阶段中异中求同、同中见异，往往可得到创造性的成果。

3. 联想法

人的大脑受到刺激后会自然地想起与之相类似、接近或相反的经验或事物。联想法有接近联想和对比联想两种。如：从点燃火柴进而联想发明了打火机；从墨水不小心滴在纸上会产生不同形状进而联想发明了"吹画"技艺；从雨伞的开合进而联想发明了能开合的饭罩。

4. 移植法

移植法是将某个学科或领域中的原理、技术、方法等应用或渗透到其他学科或领域中，为解决某一问题提供启迪、帮助的创新思维方法。在文化创意产品开发阶段应用此方法，可能会产生突破性的创新。

拉链的设计是美国发明家 W·L·贾德森提出的，并于 1905 年申请了专利。其开合功能经过一个世纪的发展，几乎渗透到了人类生产、生活的每个角落，成为 20 世纪重大发明之一。衣、裤、鞋、帽、裙、睡袋、公文包、文具盒、钱包、沙发垫……无处不见拉链。

5. 缺点列举法

当发现现有产品设计存在缺点，就可提出改进方案，进行创造发明。改良产品设计，就是设计师、用户、购买者、生产者等根据现有产品存在的不足所做的改进，以提高其价值。产品的更新换代大部分采用缺点列举法。

6. 希望点列举法

设计师可根据自己或他人的想法提出对所设计产品的各种新设想，可不受现有设计的束缚，是一种更为积极、主动型的创造技法。

7. 设问法

设问法可围绕现有产品提出各种问题，通过提问发现原产品设计、制造、营销等环节中的不足之处，找出需要和应该改进之点，提出设问，从而开发出新产品。比如：有没有新的用途？体型增加，高点，长点，厚点会怎样？体型减小，低点，短点，薄点，小点，轻点，分解开又会怎样？能否变动，组合，改变运动方式？能代用吗？有其他制造方法吗？改变顺序、要素、因果关系、步骤、基准会怎样？反过来，上下倒置，反向运动，改变转向会怎样？功能、目标、设想、部件、材料等能否重新组合。文化创意产品设计中设问法在运用时，可对细小的纹饰通过放大、变形、重叠等手法进行微创新来触动大众的认知神经、情感思想和表现行为。

二、文化创意产品的造型

文化创意产品是用来满足人们物质和精神生活需求的物品。从设计的角度来看，文化创意产品的造型是传达文化思想与实现产品功能的语言和媒介，是产品自身结构、材质、功能等外在因素和设计者、消费者的审美、价值观等内在主观因素相互作用的综合结果，也就是在"人—文化创意产品—社会"之间形成的传递信息的媒介物，使其相互交流和沟通，传承文化内涵。

文化创意产品造型多种多样，分类方式也会有多种。文化创意产品主要从其物质属性上分为仿生模拟造型和抽象几何造型。

（一）仿生模拟造型

在自然界，各种形态有着极为丰富和生动的面貌和各种各样的奇异本领，吸引着人们去想象和模仿。人类运用其观察、思维和设计能力对生物进行模仿，并通过创造性地劳动制造出简单的工具，增强了人类与自然界斗争的本领和能力。仿生自然生物体包括动物、植物、微生物、人类等，它建立在人类对模拟对象典型外部形态的认知基础上，并寻求对产品形态的突破与创新。从许多产品的形态中可以清晰地看到人工模仿自然的痕迹。

国家体育馆鸟巢（如图 5-3 所示）这个大家都熟知的建筑，通过它的命名就可以找到其形态原形，它是对鸟巢编织结构的概括，形成了北京奥运主场馆的形态特征。北京奥运会的游泳馆水立方（如图 5-4 所示）的设计就是设计师对水滴自然形态的模仿，并概括为规则的人工形态，运用在建筑结构立面表现上，具有水泡生动逼真的形态特征。根据仿生设计学的研究理论可归纳出以下四种仿生造型方法。

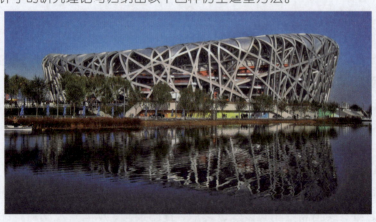

图 5-3　鸟巢国家体育馆

图 5-4　水立方国家游泳中心

1. 形态仿生造型

形态仿生造型研究的是生物体（包括动物、植物、微生物、人类）和自然界物质存在（如日、月、风、云、山、川、雷、电等）的外部形态及其象征寓意，以及如何通过相应的艺术处理手法将之应用于设计之中。其设计应用如图 5-5 所示。

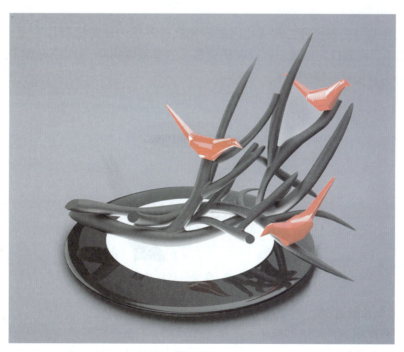

图 5-5　"舞在荆棘"意境灯设计

（设计者：伦志红）

2. 功能仿生造型

功能仿生造型主要研究生物体和自然界物质存在的功能原理，并用这些原理去改进现有的产品或建造新的技术系统，以促进产品的更新换代或新产品的开发。其设计应用如图 5-6 所示。

图 5-6　文创夜光书签

3. 视觉仿生造型

视觉仿生造型主要研究生物体的视觉器官对图像的识别，对视觉信号的分析与处理，以及相应的视觉流程。它广泛应用于产品设计、视觉传达设计和环境设计之中。

4. 结构仿生造型

结构仿生造型主要研究生物体和自然界物质存在的内部结构原理在设计中的应用问题，适用于产品设计和建筑设计。它研究最多的是植物的茎、叶以及动物形体、肌肉、骨骼的结构。其设计应用如图 5-7 所示。

图 5-7　鱼骨形调味器

（二）抽象几何造型

文化创意产品的几何造型属于人工形态的一种，不具有客观意义的形态，是以纯粹的几何观念提升客观意义的形态。由于几何形体大都具有单纯、统一等美感要素，因而在文化创意设计中常被用于产品形态的原型。但未经改变或设计的几何形态往往显得过于单调或生硬，因此，在几何形体的造型过程中设计师需要根据文化创意产品的具体要求，对一些原始的几何形态作进一步的变化和改进，如通过对原型的切割、组合、变异、综合等造型手法，获取新的立体几何形态，这一新的立体几何形态就是产品形态的雏形。在这一形态的基础上设计师通过对形态的深化和细部设计，便能最终获得较为理想的产品立体形态。文化创意产品基础几何形态如表 5-1 所示。

表 5 – 1　文化创意产品几何形态归纳表

造型特征	几何体名称
方形	正方体、长方体、多棱柱、方锥体等
圆形	球体、圆柱体、圆锥体、椭圆球体等
三角形	三角柱体、三角锥体等

　　基础几何形态在文化创意产品设计中应用通常有三种情况：一是产品主体基于某种单个基础几何形态，然后在其内部进行分割得出各部分的细节；二是由多个几何体经过叠加、相减等运算得出的形态；三是契合形态。

1. 单个基础几何形态

　　采用基础几何形态作为产品主体较为常见，究其原因，一方面是由于几何形态关系简单，容易理解，设计师容易把握；另一方面是由于在制造加工、运输、存储等方面，基础几何形态都有一定的优势。其设计应用如图5-8至图5-10所示。

图 5 – 8　闹钟设计

图 5 – 9　刺绣青鸟款便携小音箱设计

图 5 – 10　圆柱形实木闹钟设计

2. 多个几何体运算得出的形态

　　在很多时候，产品形态使用多个几何体进行运算得出，运算方式包括相加、相减以及求交集等。其设计应用如图 5-11 至图 5-14 所示。

图 5-11　小鸟造型闹钟设计

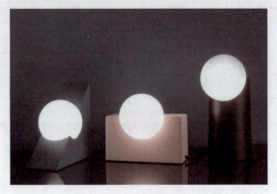

图 5-12　几何灯具设计

图 5-13　几何造型手表设计

图 5-14　几何造型戒指设计

3. 契合形态

　　文化创意产品中的契合形态是指多个相关联的产品或产品多个部件放置于特定位置时存在相吻合的关系。具有契合形态的产品整体感好，而且往往节省空间、易于存放和取用。其设计应用如图 5-15 和图 5-16 所示。

图 5-15　甜甜圈插座设计

图 5 - 16　俄罗斯套娃设计

三、文化创意产品的形态要素

文化创意产品设计中形态是由"形"与"态"两部分组成的："形"是客观事物的记录与反映，是物质的，具有客观性；"态"是心理的、精神的，有内涵的、动态的，具有主观色彩。因此在产品设计中要能兼顾"形"与"态"两个方面。"形"的设计主要是设计产品功能、结构方面的内容，在设计过程中较为严谨，带有理性的逻辑。而"态"则着重表现情感、文化等方面的内容，采用较为发散性的艺术思维。两者共同作用才能形成完整的产品形态设计。

在文化创意产品设计过程中，表象的形主要依照形态的构成元素按照一定的规律得以实现。形态元素包括点、线、面、体、色彩与材料，它们是有形的视觉元素。同时，这些元素通过人的直觉反应，形成无形的心理元素，视觉元素和心理元素一起组成设计形态。具体设计应用如图 5 - 17 至图 5 - 19 所示。

图 5 - 17　武侯祠特色花草元素茶具设计

（设计者：周世利）

图 5-18 羌族元素桌面摆台设计

（设计者：王鑫）

图 5-19 书签设计

（设计者：李莎）

（一）文化创意产品形态中的点元素

康定斯基说过，点本质上是最简洁的形。在产品设计中，点是一切形态的基础，点表示所在的位置，起到视觉中心的作用，并具备大小、面积、形态、方向等性质的视觉单位，可作为各种视觉表现。点可分为单点与多点两种类型。

1. 单点

点具有单纯和集中的特点，给人集聚性的视觉心理作用。点在画面中的不同位置，人的视线就会产生不同的变化。点在画面中心，点在画面上方，点在画面下方以及点形状为不同形态时都会呈现不同的特征，如图 5-20 所示。

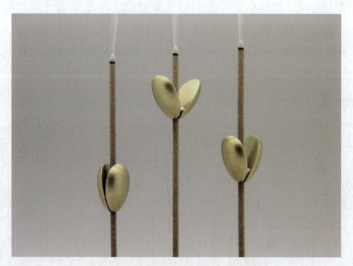

图 5-20 祈福的芽——燃香阻燃器

2. 多点

设计中多点的组合能产生对称、均衡、对比等视觉效果。大小不同、等距的多点，大小相同、间距有规律的多点，点大而疏的多点都能给人不同的视觉感受，如图 5-21 所示。

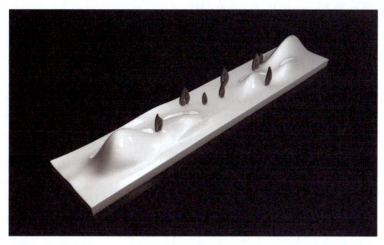

图 5-21　山果树香炉设计

（二）文化创意产品形态中的线元素

在文化创意产品中，线可以表现为面与面的交线、曲面的转向轮廓线以及装饰线、分割线等。从造型上看，线具有位置、长度、粗细、浓淡、方向等性质，常用作各种视觉表现。

1. 直线

直线包括水平线、垂直线、斜线、折线。直线给人严格、坚硬、明快、正直、力量的感觉。其中水平线具有安详、宁静、稳定等特质；垂直线给人以进取、挺拔、向上等感觉；斜线给人以运动、倾向的感觉。

2. 曲线

曲线包括规则曲线、自由曲线。曲线呈现运动、温和、优雅、流畅、丰满、活泼等特质。曲线的使用，能使文化创意产品呈现出"流动"和"丰满"的美感。

线的排列方向变化会对文化创意产品形态产生影响。按垂直方向依次排列的水平线，加强了产品水平方向的扩展；按水平方向依次排列的垂直线，加强了产品垂直方向的扩展；按水平方向排列的曲线，加强了产品垂直和水平两个方向的扩展。其具体效果如图 5-22 所示。

（三）文化创意产品形态中的面元素

面相对于点和线而言是较大的形体，

图 5-22　龙凤呈祥文创书签

面是平面造型的主体形态。在二维空间中面的形状、虚实、大小、位置、色彩等可形成复杂造型，是造型风格的具体体现。根据面的形成因素不同，可分为几何面、自由面与构成面。

1. 几何面与自由面

几何面的表现形式有圆形、四边形、三角形、有机形、直线面、曲线面等。自由面的表现形式有不规则面、徒手面、偶然面等。圆形面给人活泼、灵活、运动、辗转的感觉；正方形面给人大方、严肃、单纯、明确、规则等感觉；三角形面给人稳定、灵敏、锐利、醒目的感觉。具体效果如图5-23和图5-24所示。

图5-23　安州元素台历设计　　　　　5-24　故宫文创手机壳设计

（设计者：陈洪）

2. 构成面

根据面的构成形式，面被分为分割面和组合面。面的分割包括直线分割、曲线分割、封闭式分割。面的组合通常是指两个以上的面进行分离、复叠、相切、联合、插叠、透叠、重合等组合。如扇子的造型就是将整体面进行分割，再利用轴进行组合叠加，形成可展开、可合并的造型。其设计应用如图5-25所示。

图5-25　宫廷场景文创摆件

（四）文化创意产品形态中的体元素

体元素占有实际空间，任何一个角度都可以通过视觉和触觉感知它的存在，正量感是实体的表现，负量感是虚体的存在。文化创意产品的形态按基本型可分为平面几何体、曲面几何体，以及线立体、面立体和块立体。

1. 平面几何体、曲面几何体

平面几何体给人简练、大方，单纯有力，棱角挺拔，庄重之感。不同几何体可根据统一变化的规律，进而在其原有的体形态基础上进行切挖或叠加，形成不同高度、不同疏密、不同大小、不同曲直等各种形态，有时也有正负形的重构，或类似形的重复。其设计应用如图 5 - 26 所示。

图 5 - 26　熊猫元素礼品包装设计

2. 线立体、面立体和块立体

线立体方向性极强，表现的空间性较小；面立体表现连续的面，具有视觉上的重量感和稳定性特征，同时还有平薄的幅度感；块立体表现的是一种封闭空间的立体，它也有连续的面，具有强烈的重量感、稳定感、充实感和安全感。其设计应用如图 5 - 27 所示。

图 5 - 27　苹果便签本设计

（五）文化创意产品形态要素中的色彩

文化创意产品形态设计中，色彩是展现美感不可或缺的方式之一，好的色彩设计会使人产生极佳的视觉效果，进而影响到使用者的心理感受。阿恩海姆说："就表情而论最显著的效果也比不上落日红或地中海蓝的效果。"色彩是依附于形体而存在的，形和色是不可分割的整体。色彩一旦离开了形，就无法生存，也不会具备美的价值，只有通过形态造型这一途径才能实现其价值和作用。

在设计心理学中，正能量的色彩能减轻疲劳，给人带来兴奋、愉快、舒适，可提高工作效率。每一个视觉正常的人从外界接收到的信息90%都是来自于视觉，视觉中最为重要的因素则是色彩。人们对色彩的喜好受年龄、性别、种族、地区影响，同时也受文化修养和生活经历影响，于是逐渐形成了色彩的象征意义。

1. 红色

红色可激发生命活力，增加身体动力，甚至可以刺激人们的神经系统，让人们很容易地意识到红色的象征力量。在我国，红色象征吉祥、喜庆、向上、热烈。在流行趋势中，红色系中的一些颜色被看作高贵的色彩，如图5-28、图5-29所示的设计中，均展现出产品的品质与寓意。

5-28　良品铺子宫廷食盒元素礼盒包装设计　　　图5-29　柿子造型茶具套装设计

2. 黄色

黄色是一种温暖亮丽的颜色，它象征着敞开心扉，开放智慧以及灵魂。黄色代表太阳，可让人们感受到太阳般包容万物的温暖，它可以帮助人们提高理解、交流的能力，黄色在我国还象征富贵与辉煌。其设计应用如图5-30所示。

3. 蓝色

蓝色表达梦想，是最冷、最纯洁、最深沉的颜色。作为天空的颜色，蓝色代表着距离和自由；作为大海的颜色，蓝色又代表着严肃和内心宁静；蓝色也代表着深度、梦想和渴望。其设计应用如图5-31所示。

图 5-30　迎客松文创摆件设计

图 5-31　丝绸之路主题陶瓷茶具套装设计

4. 绿色

绿色代表清新、希望、安全、舒适、生命、和平、宁静、自然、环保、成长、生机、青春。文化创意产品设计中一般采用淡绿、墨绿等纯度较低的绿色，材质则以陶瓷居多。其设计应用如图 5-32 所示。

图 5 - 32　竹元素茶具设计

（设计者：黄亚新）

5. 白色

白色代表和平与神圣，保守、反动的性格，纯洁无瑕的爱情，公正、纯洁、端庄、正直、少壮、超脱凡尘与世俗的情感。白色是一种包含光谱中所有颜色光的颜色，通常被认为是"无色"的。白色的明度最高，无色相。在文化创意产品设计中，通常白色与其他色彩搭配使用。其设计应用如图 5 - 33 和图 5 - 34 所示。

图 5 - 33　川西民居元素文创灯具设计（白）

（设计者：廖成敏）

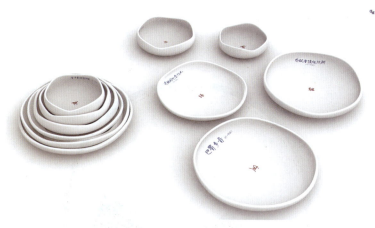

图 5-34 巴蜀乡音环保餐具设计

(设计者：何思稷)

6. 黑色

黑色是一个很强大的色彩，它代表庄重和高雅，而且可以让其他颜色（亮色）突显出来。在只使用黑色而不用其他颜色的时候，会有一种沉重的感觉，所以在文化创意产品设计时要注意黑色与其他色彩的巧妙搭配。其设计应用如图 5-35 和图 5-36 所示。

图 5-35 川西民居元素灯具设计(黑)

(设计者：廖成敏)

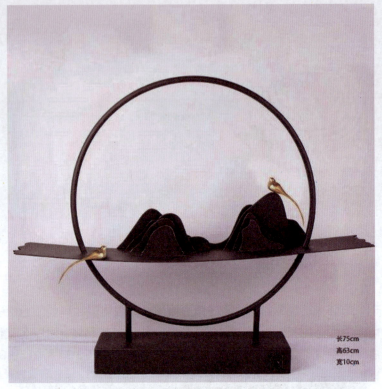

图 5 - 36　摆件设计

　　文化创意产品的色彩应用主要是利用色彩的象征性与联想性，如用色彩去描述产品，让消费者在选购产品时产生一种认知心理，从而提升产品在消费者心中的形象，达到让消费者最终选择本产品的目的。

（六）文化创意产品形态要素中的材料与工艺

　　材料是文化创意产品形式和功能的物质载体，在设计过程中，选用恰当的材料成为设计成败的重要因素。对材料的合理运用是形态创造的基础，材料与设计形态的产生有着密不可分的关系。文化创意产品的材料与工艺是表现文化创意产品形态情感的基础和重要表达因素，选择合适的材料与工艺能够更好地表达其设计思想。材料是设计思想的起点，选择材料是设计之初就应考虑的问题，要满足使用的要求，并能体现产品的风格与创意。

　　随着现代科技的发展，材料领域的科学家们不断地发现和创造出新的材料，每年都有很多新材料投入到文化创意产品生产中。这些新的材料对于产品设计师而言，无疑提供了更加丰富的想象空间，以前很多不能或很难实现的优美造型，在使用了新材料后都能方便地实现。这些新材料性能各异，加工方式也各有特点，从而大大扩展了文化创意产品形态设计的可能性。每一种重要的新材料或者材料新用途的出现和成功运用，都会引发造型领域的一次重大变革。例如，塑料的出现与运用，极大地改变了工业产品的外观，与金属、木材制造的产品相比，塑料产品的造型几乎变得随心所欲。各种材料设计应用如图 5 - 37 至图 5 - 43 所示。

图 5-37　敦煌文创冰箱贴设计

图 5-38　镀金夜光书签设计

图 5-39　日月莲花倒流香台设计

（设计者：齐运莱）

图 5-40　熊猫元素包袋设计

（设计者：何朝荣）

图 5-41　莲花元素香插设计

图 5-42　十二生肖元素皮具设计

（设计者：朱敏）

图 5－43   海错图 U 型枕设计

新材料健康、环保、经济、实用、美观，在文化创意产品中新材料的采用和传统材料的新用法可以降低成本。材料工艺性应与文化创意产品加工设备、生产技术相适应，让传统的手工艺走出去，增加产品科技含量，改善经济效益。要依靠最新的科技成果、新的结构方式、新的材料来推动文化创意产品形态的更新，从而适应文化创意产业市场不断变化的要求和普通大众的审美取向，开发出高起点、高品位、个性化的文化创意产品。

四、文化创意产品的造型设计案例分析

案例一：武侯祠元素儿童积木设计

武侯祠元素儿童积木设计如图 5－44 所示，该儿童积木设计以红、黄色为主色调，色彩鲜艳，赏心悦目。设计灵感来源于成都武侯祠博物馆的建筑及场景布局，将博物馆建筑风格与积木造型相结合。积木的拼搭可以开发孩子的创造性，同时也给孩子提供了解三国文化的新载体，是一款具有教育意义的益智儿童玩具。

图 5－44   武侯祠元素儿童积木设计

（设计者：周春晓）

案例二：三国人物趣味儿童餐具设计

三国人物趣味儿童餐具设计如图5-45所示，该餐具主要材质是仿陶瓷，既克服了陶瓷易碎的缺点，又兼具美观，适合儿童使用。在文化元素方面，产品提取了三国时期典型人物元素，将刘备、关羽、张飞的面部特征融入产品之中，并将他们的武器分别融入筷子、刀叉设计之中。最终期望产品能带给儿童不一样的使用体验：不仅能增加儿童吃饭的乐趣，也能将传统的三国文化融入儿童的生活，通过儿童喜欢的可爱风格进行创作，潜移默化中激发儿童对三国文化的兴趣。

图5-45　三国人物趣味儿童餐具设计

（设计者：蒲晶鑫、王文静）

案例三：智拼三国儿童益智拼图设计

智拼三图益智拼图设计如图5-46所示，这款产品通过对三国时期典型故事进行提取，从而设计的一款儿童益智类拼图。产品由三个拼图组合为一个系列，三幅拼图分别对应的是刘备、关羽、张飞桃园三结义，刘备为请诸葛亮而三顾茅庐，诸葛亮舌战群儒这三个故事。目标对象为儿童，将这三个故事用儿童喜欢的方式进行提取创作，最终呈现出拼图的效果，并且在每幅拼图背后附有三个故事，让孩子在玩耍中学习三国知识，在潜移默化中了解三国文化。

图5-46　智拼三国拼图设计

（设计者：王文静、蒲晶鑫）

第二节·文化创意产品设计的一般流程

文化创意产品以市场需要为前提，进行产品开发立项，并根据设计和开发方案有计划地进行设计工作，确保开发进度、开发成本、开发质量能达到设计任务要求。

一、项目确立与合作协议

（一）项目确立

设计机构或个人接受的文化创意产品项目是多种形式的，总体可分为改良性设计、创新性设计、概念性设计三类。不管什么类型设计项目，当设计师接手时，都需要确立项目，同时签订合作协议书，双方明确规定完成时间、完成效果等具体事宜。

（二）签订合作协议

协议书是社会生活中，协作的双方或数方为保障各自的合法权益，经双方或多方共同协商达成一致意见后，签订的书面材料。协议书是契约文书的一种，是当事人双方（或多方）为了解决或预防纠纷，或为确立某种法律关系，实现一定的共同利益、愿望，经过协商而达成一致后，签署的具有法律效力的记录性应用文书。

1. 协议书格式

（1）标题：由双方单位名称、事由、协议书三部分组成。

（2）正文：协议的正文中应包括协商目的责任、协议的时间和期限、协商目的条款和酬金，价格明确总额（大写，且必须明确货币种类）、履行条款期限、违反条款的责任处理、落款、签署日期等条款内容。

2. 订立设计合同的核心

（1）发包人应提供文件、资料的名称和时间，这是设计师完成设计任务的基础，通常包括本项目的设计依据文件和设计要求文件两部分。设计依据文件是发包人订立设计合同前已完成且获得的批准文件和数据资料；设计要求文件则是设计师完成委托任务过程应满足的具体要求。

（2）委托任务的工作范围由于具体项目的条件和特点各异，应针对委托设计的项目明确说明。通常涉及设计范围、设计合理性要求、委托的设计阶段和内容、设计深度要求、设计师配合产品加工要求等方面的约定。

（3）合同约定的工作开始和终止时间。

（4）设计费用。合同内除了写明双方约定的总设计费外，还需列明分阶段支付进度款的条件、占总设计费的百分比以及金额等。

（5）发包人应为设计师提供现场服务，包括加工现场的工作条件、生活条件及交通等方面的具体内容。

（6）违约责任需要约定的内容包括承担违约责任的条件和违约金的计算方法等。

（7）合同争议的最终解决方式明确约定解决合同争议的最终方式是采用仲裁还是诉讼。采用仲裁时，需注明仲裁委员会的名称。

（三）制定项目工作计划

文化创意产品的设计过程是一个解决问题的过程，提出合理的解决方案的前提是对现有产品进行分析，从而确定如何改良、如何开发、如何创新。设计项目开始实施阶段，往往需要制定详细的工作计划，应明确该项目每个节点完成什么。在完成设计项目计划后，将设计全过程的内容、时间、操作程序绘制成一张计划表。如表5-2所示表格的结构形式适用于大部分的设计项目，可根据不同的产品进行项目名称、设计周期等进行调整。

表 5-2　文化创意产品项目计划时间表

××××文化创意产品项目计划时间表					
内容 ＼ 时间		1日~8日	9日~16日	17日~23日	24日~31日
一阶段	项目研讨				
	市场调查				
	提出概念				
	设计构思				
二阶段	设计展开				
	设计效果图绘制				
	方案效果评估				
	设计深入				
	模型制作				
	方案审核				
三阶段	样品制作				
	设计综合报告				
	包装设计				
	营销设计				

二、项目调研与客户沟通

（一）项目调研

文化创意产品设计前应进行调查分析，这是设计师必须要做的事。然后召开项目研讨会，针对工作计划内容作好相关设计安排。每一件文化创意产品的设计都会涉及文化、需求、经济、审美、技术、材料等一系列问题。项目组或设计师通过对综合文化、人、市场、产品等多方面因素的进行整理，获得具有适应消费者及市场需求的优良设计作品。

文化创意产品设计能否成功与消费者有着密切的关系。在设计之前必须科学有效地掌握相关信息和资料。市场调查包括设计背景、文化分析、竞争品牌调查、消费者调查。其中一个重要环节就是消费者调查,设计师站在消费者的角度对文化创意产品进行分析也是十分必要的。因此在进行一般的项目调研中,以"问答卷"方式采用最广。实地市场调查从确立目的到提出报告与追踪,可分为以下五个步骤。

1. 确立调查目的

企业在进行市场调查构想时,必须面临重大行销问题或重大行销挑战,因此,应当先从"行销问题分析"着手,确定举行市场调查的目的,方可着手市场调查准备工作,以避免调查方向错误。

2. 决定调查方法

调查方法与架构的设计是指在进行市场调查前,对市场调查工作作出完整规划,以期从最合理成本、最合宜的方式及最适当的时间来进行实地市场调查,进而获得最适用的市场资讯。

市场调查涉及的内容包括问卷调查方式的选定、问卷设计、抽样设计、人员选择及访前训练等。

3. 展开实地调查

进行实地调查时,每天应审核调查结果,减少非统计性偏差,以增加抽样调查精准度,也应掌握每天调查工作进度,促使调查工作如期完成。其次,应进行日常调查工作总结分析,以使调查工作效率日益提高。进行此项工作时,通常以小组讨论方式进行,必须以脑力激荡法或充分讨论方式进行,以求实际效果。

4. 统计分析

当实地调查工作完成时,研究人员必须将所有搜集来的资料以及所有访问表格,加以编辑、组织、分类与制表,方能使调查资料变成可供分析解释的资讯。在资料整理阶段,可包括下列步骤:

(1)编辑:剔除不可靠、不准确以及与调查目的无关的资料,使剩余资料成为有排列性、可靠的、有参考价值的资料。

(2)汇总及分类:将调查资料先行大类加以汇总,再按照调查目的需要将大类资料分为更为详细的分类。

(3)制表:将分类后资料分别进行统计及汇总,并将汇总结果以数字形式表示。制表方式分为:① 简单制表,是将答案一个一个分类而成的统计表;② 交叉制表,是将两个问题的答案联系起来,以获得更多的资讯;③ 多变数间关系分析,将两个以上问题的答案联系起来,以获得更多资讯。

(4)统计资料的阐释:市场调查经过访问资料搜集、整理和分析之后,最终目的仍在提出调查结论并解释结论的内涵。

5. 提送报告

撰写实地市场调查报告其要点与文案市场调查报告相似,但应该对下述内容予以加强,使报告内容更加充实。

(1)提出的建议必须能确实掌握企业状况及市场变化,使建议有付诸实行之可能。

(2)建议付诸实行的程序要能具体、清楚地叙述。

（3）应列举具体的利益以支持建议内容，必要时应附上"成本效益评估建议书"。

（4）调查内容要包括市场变化性及推论。

（5）建议应综合渐进，不可只提单一的建议。

（二）客户沟通

沟通的定义是人们分享信息、思想的过程。沟通另一种定义是指通过信息交互作用来影响看法、决策和行为，在需求获取的沟通中，信息就是这个系统的需求。需求获取沟通的目的就是为了建立系统需求的概念，统一对系统需求的定义和理解，即系统应该做什么，不应该做什么。"良好的沟通对于一个组织就如血液对于生命。"沟通的目的是把信息传递给接收者，它有说、写、听等多种方式，沟通旨在处理信息和改善关系。怎样运用沟通的技巧来提高沟通的效率，这需要人们从沟通的多个方面进行改进。与客户沟通主要有口头沟通、会议和座谈、书面沟通、演讲和报告等四种形式。

1. 口头沟通

通过口头沟通，人们可以以一种更准确的、更便捷的、更及时的方式获得信息，为讨论、澄清问题，理解和即刻反馈提供了场所。在口头沟通时要注意观察对方身体语言、语音语调这些丰富口头交流的重要因素。口头沟通应该坦白、明确，不要产生误导或者难以理解。在沟通过程中信息的发送者和接收者在某些问题上可能有着截然不同的理解，因此沟通交流的核心不是语言，而是理解，口头沟通的双方都应该重视聆听。

2. 会议和座谈

会议是加强组织建设，强化成员期望，促进对项目目标投入的有效工具和手段。为了使会议有效，会前必须确定会议的目的、与会人员和议程，并且把会议目的、议程和资料分发给每位与会人员。会议期间，必须按时召开会议，指定会议记录人员，会议主持人应该督促而不是支配会议，会议内容应该及时并尽可能地记录下来。会议记录可使用笔记本电脑，指定一个打字熟练的人把所有的讨论记录下来，记录的同时还要做一定的整理；另一种办法就是采用录音的方式，可使会议参与者全心投入到会议中，而事后通过录音整理。

3. 书面沟通

正式文件、备忘录或者邮件这些方式都属于书面沟通，它的特点是持久性。书面沟通应该用在必要的时候，并且在不会增加双方工作量情况下使用。人们往往不愿意在繁琐的文档中寻找那些能够在下次会议上能口头沟通获得的信息，所以书面沟通的材料必须清楚、简洁，不能附带与主题无关的其他内容，用短句来替代长句，用主动语态替代被动语态，避免使用双重否定或者古汉语词汇，措词要自然。书面沟通也是帮助记忆的一种有效方式。

4. 讲演和报告

讲演和报告前要明确目的，准备书面提纲，充分准备，内容要简明，并确认内容能被清楚、正确地理解，不要以数量而要用质量来打动听众，多用图片、表格来说明问题。在讲演和报告过程中语言清晰、流畅，句式简短，要点之间过渡自然，也应该尽量使用身体语言(有意识的微笑),同时放松双臂或者加上解释性的手势动作,会显得更加自信一些,并且能够消除紧张情绪。讲演和报告一定要在规定的时间内完成,不要拖延,最好留出一段时间与听众进行相互沟通。

有效沟通方法能帮助公司或企业与客户保持良好的关系,与客户充分交流,提升客户的忠诚度。良好的沟通可达成以下效果:

(1)寻找到为公司创造更多价值的客户。

(2)赢得客户的信任,增加收益。

(3)利用有效的沟通策略影响客户行为。

(4)在客户的帮助下,开发出成功的产品和服务。

三、设计思维导图与设计方向分析

思维导图是指运用图文并重的技巧,把各级主题的关系用相互隶属与相关的层级图表现出来,把主题关键词与图像、颜色等建立起记忆连接。思维导图充分运用左右脑的机能,利用记忆、阅读、思维的规律,协助人们在科学与艺术、逻辑与想象之间平衡发展,从而开启人类大脑的无限潜能。因此,思维导图具有人类思维的强大功能。

在文化创意产品设计过程中,可利用思维导图将思维形象化。不论是与文化相关的感觉、记忆或是想法,包括文字、数字、符码、香气、食物、线条、颜色、意象、节奏、音符等,都可以成为一个思考中心,并由此中心向外发散出成千上万个关节点。每一个关节点代表与中心主题的一个连接,而每一个连接又可以成为另一个中心主题,再向外发散出成千上万个关节点,呈现出放射性立体结构。而这些关节点的连接可以视为人的记忆,就如同大脑中的神经元一样互相连接,于是就构成了设计数据库。

(一)设计思维导图遵循的规则

设计规则的目的不是要限制人们的思考,而是通过这些与大脑(工作与学习方式)一致的特定技巧来帮助人们更快速地提升学习能力、记忆力以及创造力。设计思维导图应遵循的规则如下:

(1)在纸的正中央用一个彩色图形或符号开始画思维导图。

(2)把写有主题的连线与中央图形连在一起。

(3)把线与线相连。

(4)用标准汉字。

(5)将标准汉字写在线条上。

(6)每条线上只能有一个关键词。

(7)在整个导图中都要使用色彩。

(8)在整个思维导图中都要使用图形。

(9)在整个思维导图中都要使用代码和符号。

(二)思维导图的绘制步骤

1. 素材

空白打印纸或其他白纸,用大一些的纸,A3 大小的纸就能提供足够的空间来记录各种细节。为了便于携带，可以找一个合适的文件夹收纳。

2. 绘制形式

思维导图的分支通常是放射式层级结构，越重要的内容越靠近中心，由内向外逐渐扩展。画分支时通常从时钟钟面两点钟的位置开始，顺时针画。阅读思维导图自然也是从这个位置开始。

3. 专注关键词

关键词通常是名词，占总词汇量的5%～10%。人们使用思维导图比传统的用笔记词汇量要多得多，这意味着无论是记忆还是阅读，人们将节约90%以上的时间。关键词用正楷字来书写，以便阅读时辨识，同时通过想象来帮助大脑将词汇"图形化"。词汇写在线条的上面，每条线上使用一个单词或词语，这样可以触发更多的想象和联系。字体字形都可以根据需要进行变化，这有助于人们按照一定的视觉节奏进行阅读，同时也有助于理解和记忆。

4. 连线

连线与所写的关键词或所画的图形等长，保证每条连线都与前一条连线的末端衔接起来，并从中心向外扩散。如果连线之间不衔接，那么在回忆的时候，思维也会跟着"断掉"，从而导致记忆的断层。

5. 增加颜色

人们生活在一个五彩缤纷的世界里，天生就喜欢色彩。在思维导图绘制过程中，与其用白纸黑笔写一些单调的文字，不如用好的纸张、水彩笔或彩色铅笔来标注关键词，画不同的线条。往往一些小小的改变，可能触发人们的记忆。

6. 箭头和符号

思维导图是一种能帮助人们增强对事物理解的方法，使人们了解到信息是如何相互联系在一起的。普通和优秀、成功与失败的区别也就在于人们是否知道知识与事物之间的内在关联。当同一个词汇出现在两个或更多的分支上时，说明这个词汇是一个新的主题将贯穿在人们的记忆中。传统的线性笔记方式，并不容易记忆。当人们发现一个单词出现在不同的分支上时，用一个箭头连接它们，这样记忆也随之连接了。

7. 利用感官技巧触发更多的记忆和灵感

闭上眼睛，做一个深呼吸，想象最喜欢吃的水果，它是苹果、橘子，还是菠萝？它是什么形状？什么颜色？用手触摸它的表皮时手有什么感觉？它闻起来是什么味道？等等。通过这样的想象练习可以增加人们的感官体验，增强人们的理解力和记忆力。任何经历都是人们所有感官体验的总和，所以，要在思维导图中加入文字、图片，以便唤起人们其他的感官体验。

思维导图是一种非常有趣、具有创造性记录思维的方式。为了让思维导图更加有趣，让大脑处于兴奋状态，可以使用更多的感官技巧。学会制作思维导图的最大秘诀就是画思维导图，不断地画，关键还在于不断地应用，才能设计出产品。如图5-47至图5-49所示为不同思维导图的表现形式。

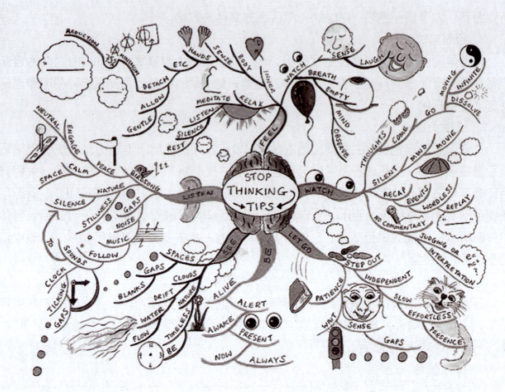

图 5-47　设计思维导图一

图 5-48　设计思维导图二

图 5 – 49　设计思维导图三

通过前期调查及思维导图，设计师要把握问题的构成，以及明确问题所在，将问题进行分解与分类。要认识问题首先要明确问题的结构，分析问题的组成要素。文化创意产品设计一般应从产品、环境、消费者和社会文化四个方面展开分析，以明确设计方向。

四、设计构思与设计表现

（一）设计构思

设计构思是指对既有设计问题做许多可能的解决方案的思考。一般说，构思是意象物态化之前的心理活动，是"眼中自然"转化为"心中自然"的过程，是心中意象逐渐明朗化的过程。在文化创意产品设计构思阶段，设计构思指的是计划、构想、设立方案，也含有意向、作图、制型的意思。设计师应该充分发挥创造性思维能力，可以天马行空，无际畅想，不受限制，想法越多解决设计方案的可能性越大。设计构思的过程往往是把较模糊的、不具体的形象加以明确和具体的过程。为保持思维的连贯性，应及时把设计构思的东西展现在草图上。

没有设计构思，就谈不上设计；没有好的设计构思，就不可能产生好的设计。因此，研究设计构思对培养设计人员的基本素质、提高设计水平有着积极的意义。设计构思在人们的生活和艺术创作中具有统筹和指导性意义。

（二）设计表现

文化创意产品是指通过设计师对文化的理解，将原生文化中某些元素进行提取应用到设计中，将文化元素与产品本身的创意相结合，形成的一种新型文化创意产品。

日本工业设计大师深泽直人说过:"对于一个设计师来说,需要具备能够把自己的创意用最完美的形态表现出来的经验和智慧。"根据符号学理论,文化创意产品的设计效果图作为一种符号,必然就具有符号学的一些特征。对于从事文化创意产品设计的设计师来讲,设计效果图是为了让客户能理解设计思路想法,能记录自己的思维过程,能够和团队成员进行沟通合作,它是设计师与客户之间的"代表"或者说是媒介,是个"第三者"。比如,文化创意产品效果图就是代表了设计师的设计思想来与客户沟通。效果图中的符号总是显示着某种意义,其代表了设计师当时想法的自然流露,与意义形影不离,一系列符号就构成了设计师的整个思维过程。

1. 草图表现

设计表现分为设计草图、设计效果图两种。设计草图是设计师将抽象的设计概念变为具体、形象的创造性过程。设计灵感闪现时,利用草图迅速捕捉和记录设计灵感,草图中的设计形象往往不具体、不完整,但可继续深化或启发设计师其他的设计想法。这样在草图上展现的设计概念就越来越清晰、越来越完整。设计效果图在设计草图的基础上进一步深化,从形象,主要包形态、功能、色彩、材质、工艺、结构等方面进行仿真体现,以求展现为较为现实的产品效果。设计效果图的表现方式可以是手绘、也可以是计算机绘制。设计效果图有利于客户直观地了解设计作品制作成成品后的效果,帮助客户决定设计的决策。

(1)铅笔草图。

铅笔分为普通铅笔和彩色铅笔。普通铅笔草图可通过反复擦拭、修改,起着塑造形体和局部准确造型的作用,如图5-50所示;彩色铅笔在造型结构确定后,可以反复勾勒线条,通过其笔画的粗细、浓淡的效果来表现文化创意产品的立体感,如图5-51所示。

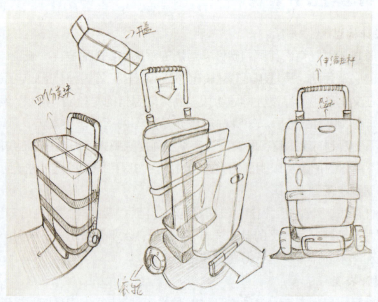

图5-50 铅笔草图绘制1

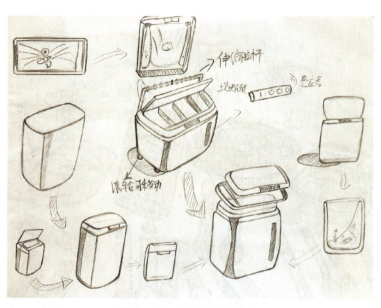

图 5 - 51 铅笔草图绘制 2

（2）马克笔草图。

马克笔分油性和水性两种。油性马克笔有较强的渗透力，色彩更加透明、鲜艳，尤其适合在描图纸（硫酸纸）上作图，如图 5 - 52 所示；水性马克笔的颜料可溶于水，通常用于在较紧密的卡纸或铜版纸上作画，如图 5 - 53 所示。

图 5 - 52 马克笔草图表现 1

图 5-53　马克笔草图表现 2

（3）钢笔与针管笔草图。

利用钢笔与针管笔画草图和美术绘画较为相似，其在表现事物的形态特征的同时，更加注重绘画风格特色，表现了文化创意产品设计风格与绘画风格相统一，如图 5-54 和图 5-55 所示。

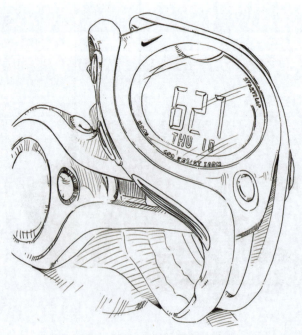

图 5-54　钢笔草图表现 1

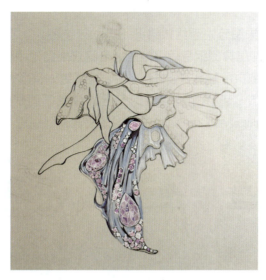

图 5-55　钢笔草图表现 2

（设计者：李振华）

（4）电脑草图。

　　电脑草图是现在许多设计师更喜欢的一种绘制草图方式，往往配合电脑外接手绘板，可以进行反复修改，能够达到手绘效果图同样的效果，如图 5-56 和图 5-57 所示。电脑绘制草图最大的优点在于其电子文件可随时保存与记录，便于与各部门、各软件系统连接，有利于完成下一步设计工作，提高了设计效率。

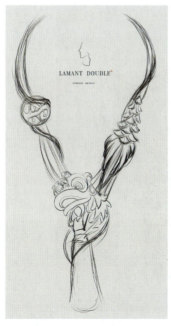

图 5-56　电脑设计草图 1　　　　　图 5-57　电脑设计草图 2

（设计者：李振华）　　　　　　　（设计者：李振华）

2. 效果图表现

文化创意产品的效果图分为手绘效果图和电脑效果图。手绘效果图主要以彩色铅笔、马克笔、色粉等多种工具的综合运用为主。电脑效果图是利用计算机辅助二维、三维软件进行设计，整体效果色彩真实、材料逼真，有手绘效果图无法比拟的优点和发展趋势，如图 5-58 和图 5-59 所示。常用的三维计算机辅助软件有 Rhino（犀牛）、3D Max，二维软件有 Photoshop 与 CorelDraw，后期效果渲染软件有 VRay 和 KeyShot。

图 5-58　三国文化元素之创意卡通水杯设计效果图

（设计者：符华川）

图 5-59　珠宝设计效果图

（设计者：李振华）

五、样品制作

　　文化创意产品样品(如图5–60至图5–62所示)制作需要设计师综合考虑产品的成本、工艺、材料等要求，选择合适的两家或两家以上供应商，根据设计及产品呈现要求安排打样，设计师要随时跟进供应商，以确保样品正确呈现和高效完成。样品制作完成后，经审批最终确定样品以及详尽的产品信息等内容，最终批量生产。

图5–60　山水云月元素灯具设计样品

(设计者：曾平)

图5–61　熊猫元素冰箱贴设计样品

(设计者：向朝荣)

图 5 - 62   竹元素音箱样品

(设计者：陈露)

材质在文化创意产品设计中占据着重要的地位，设计师必须要熟悉文化创意产品所需要用到的材料的属性和作用，并选用最合适的材料。在选用材料时，设计人员要考虑产品在功能、工艺、经济性、环保性等方面的要求。文化创意产品材料选用要遵守功能性原则、工艺性原则、经济性原则和环保性原则等。

（一）功能性原则

文化创意产品的功能性原则是设计人员在产品设计时需要首要考虑的。材料能否满足产品功能直接关系到产品的品质，甚至成败。这主要体现在产品的功能、造型尺寸、可靠性、质量等方面对材料的要求，以及产品某些特殊的功能属性要求，比如防水、防尘、防震等方面的要求。这些都是设计人员在选用产品材料时需要考虑的。

（二）工艺性原则

文化创意产品的工艺原则主要体现在产品工艺对材料的要求。产品设计中，设计人员需要对产品的材料进行加工处理，以达到预想的效果。产品工艺对材料本身也有着严格的要求，比如机械加工、热处理、表面处理等方面对材料的要求。

（三）经济性原则

文化创意产品的经济性原则主要体现在材料价格、加工费用、材料利用率等影响生产成本的因素对材料的要求。追求利益最大化的经济属性要求尽可能地降低生产成本，提高产品竞争力与提升产品的销售额和利润。如果可以，设计人员要尽量用廉价材料来代替价格相对昂贵的稀有材料。

（四）环保性原则

文化创意产品的环保性原则是企业和设计人员都应自觉遵循的原则。设计人员应该在文化创意产品设计中充分考虑其环保要求，尽可能选用无污染、利用率高、可回收的材料，促进产品可持续利用，提升环保意识。

六、产品量产

为确保新产品顺利进入量产阶段，设计人员要能提供正确、完整的技术文件资料及新产品的成熟度验证。设计单位自然需要做好对策分析与设计变更的准备，提供样品及技术相关文件资料及零件采购资料。同时要监督工程单位完成以下工作：

（1）接受新产品技术、产品特性及生产作业性评估。

（2）进程安排，包括生产线的评估、绘制工程流程图、草拟 QC 工程图。同时，还要负责治具的准备、制程管制、机器设备架设、参数设定及问题分析等。

（3）规划新产品的测试方法，准备测试设备、治具及软件。还要负责生产线测试设备的架设，以及提供测试计划与测试产出分析。

（4）制定新产品评审会议日程。

七、包装设计

包装设计是文化创意产品进行市场推广阶段重要的组成部分，包装的好坏可直接关系到文化创意产品销售的成功与否。包装是品牌理念、产品特性、消费心理的综合反映，它直接影响消费者的购买欲。设计人员要深信包装是建立产品与消费者亲和力的有力手段。经济全球化的今天，包装与商品已融为一体，包装作为实现商品价值和使用价值的手段，在生产、流通、销售和消费领域中，发挥着极其重要的作用。产品包装可保护商品，传达商品信息，方便使用和运输，促进销售，提高产品附加值。包装作为一门综合性学科，具有商品和艺术的双重性。

（一）包装设计构思

文化创意产品包装设计要解决以下四个问题：表现重点、表现角度、表现手法和表现形式。包装设计如同作战一样，重点是攻击目标，角度是突破口，手法是战术，形式则是武器，其中任何一个环节处理不好都会前功尽弃。

1. 表现重点

表现重点是指表现内容的集中点。要确定表现重点需要对商品、消费、销售三方面的有关资料进行比较和选择，选择的基本点是有利于提高销售量。表现重点的选择主要包括商标（企业标志）、商品本身（产品）和消费对象三个方面。下面将列出确定表现重点的有关项目。

（1）该产品的商标形象——品牌含义。

（2）该产品的功能效用——质地属性。

（3）该产品的产地背景——地方因素。

（4）该产品的销售地背景——消费对象。

（5）该产品与同类产品的区别。

（6）该产品同类产品包装设计的状况。

（7）该产品的其他有关特征。

2. 表现角度

表现角度是确定表现形式后的深化，即找到主攻目标后还要有具体的突破口。不同的事物都有不同的认识角度，在表现上比较集中于一个角度，这将有益于表现的鲜明性。如果以商标、品牌名为表现重点，则可以以表现形象和表现品牌名所具有的某种含义为角度。如果以商品本身为表现重点，则可以以表现商品外在形象和表现商品的某种内在属性为角度，还可以以表现共同组成成分或者以表现其功能效用为角度。

3. 表现手法

就像表现重点好比目标、表现角度好比突破口一样，表现手法是一个战术问题。好的表现手法和表现形式是设计的灵魂所在。要表现一种事物和一个对象，有两种基本手法：一种是直接表现该对象的一定特征；另一种是间接地借助于该对象的一定特征，或间接地借助与之相关的其他事物来表现事物。前者称为直接表现，后者称为间接表现或叫借助表现。

（1）直接表现。

衬托：是通过差异性从反面陪衬主体形象，使主体得到更充分地表现。

对比：这是衬托的一种转化形式，也可以叫做反衬，即采取从反面衬托的方式使主体在对比中得到更强烈地表现。对比部分可以采用具体、抽象、平面、立体等表达方式。

归纳：是对主体形象加以简化、概括，以求其具有鲜明的改变。

夸张：归纳是以简化求鲜明，而夸张是以变化求突出，二者的共同点是对主体形象做一些改变。

特写：就是大取大舍，以局部表现整体的处理手法，以使主体的特点得到更为集中的表现。

（2）间接表现。

间接表现是比较内敛的表现手法，即画面上不出现表现的对象本身，而借助于其他有关事物来表现该对象。

比喻：是借它物比此物，是由此及彼的手法，所采用的比喻成分必须是大多数人所共同了解的具体事物和具体形象。

联想：是借助于某种形象引导观察者的认识向一定方向集中，由观察者产生的联想来补充画面上所没有直接交代的东西。这也是一种由表及里的表现方法。

象征：是比喻与联想相结合的转化，在表现的含义上更为抽象，在表现的形式上更为凝练。

装饰：是一种间接表现方法。一些礼品包装往往不直接采用比喻、联想或象征手法，而以装饰性的手法进行表现。这种"装饰性"应注意一定的指向性，用这种指向性来引导观察者的感受。

4. 表现形式

表现的形式与手法都是解决如何表现的问题，形式是外在的武器、是设计产品表达的具体语言，是设计产品的视觉传达。图形表现形式一般分为写实、抽象及两者结合，通常可概括为摄影和插图两大类。

（1）材料与工艺：利用材料的原始特性、肌理进行仿制和工艺加工。

（2）图形：具体图形、抽象图形、装饰图形。

（3）色彩：商品特性、消费者情感、色彩的象征性、色彩的情感。

（二）文化创意包装设计内容

1. 包装视觉传达设计

包装视觉传达设计包括商标、文字、色彩、照片或插图等视觉元素的设计及合理配置，使之将企业或商品所要表达的信息、意念、资料传递给消费者，对消费者产生视觉冲击效果，令消费者引起注意与产生兴趣，进而达到促销的目的。

（1）视觉要素。

① 商标：商标本身就是一种视觉元素，有些产品包装干脆就把商标作为包装的主要视觉元素。

② 文字：文字的大小、位置要视其具体内容而定，要注意它跟图形、色彩、标志等部分的关系。

③ 色彩：用色彩表现商品的特性，要考虑它与其他商品之间的视觉效果和关系。

④ 照片和插图：直观地表达商品。

（2）标志（标准字）设计原则。

标志设计具有联想性、识别性、抽象性、完整性。其可缩小（便于印刷品质的保证），也可单色表现（便于印刷、降低成本）和虚空间处理（巧妙处理图和地的关系，能加深标志的意义）。另外标志设计在视觉上要有重量感、流动性、方向性。

（3）字体设计的要求。

文字设计应服从总体设计，与产品特点相统一，注意视觉吸引力的塑造和字体组合得当。

2. 包装结构设计

包装结构设计是从包装的保护性、方便性、复用性等基本功能和生产实际条件出发，利用科学原理对包装的外部和内部结构具体考虑而进行的设计。

（1）包装结构设计的功能：保护、容装、方便功能等。

（2）包装结构设计的原则：从力学上对产品进行可靠保护，包括包装、装卸、运输、储存、销售的全过程。还要考虑包装设计的经济性。

3. 包装造型设计

包装造型设计是指包装容器的造型，包括以下几种造型：

（1）纸盒基本造型：立方体、圆柱体、三角柱体、多角柱体、变化体。

（2）塑胶制品造型：圆柱体、方形体、长方体、三角/六角柱体、曲线造型体。

（3）金属容器造型：圆柱体、方形体、椭圆体、特殊造型体。

（4）玻璃容器造型：圆柱简体瓶、方形瓶、曲线形体瓶、六角形体瓶、柄瓶、特殊造型瓶。

（三）文化创意包装设计原则

文化创意包装要讲求科学和美学，更要根据消费者的心理和需要去设计和制造包装物。无论是外包装和内包装，只有包装精美独特，在国家有关法规限定的范围内缜密设计，不给消费者造成额外的经济负担，才会受到消费者的欢迎。

1. 原创性原则

产品包装设计贵在要具有原创的理念与造型。优秀的原创包装设计能够表达出产品的设计理念，给人们留下独特的印象。原创可以是无中生有，也可以将日常生活中的传统元素加入到设计中去。

2. 时代性原则

文化创意产品包装设计要与代表社会生产力发展水平的新技术、新材料、新工艺相结合，广泛采用塑料、玻璃纤维、玻璃、金属等现代材料，形成与材料相匹配的包装生产工艺。这样也可以促成现代包装技术的发展。文化创意产品包装设计不能与时代相脱节，否则会给人一种过时、落后的感觉。现代产品包装设计要具有现代感。带有复古元素的产品设计，也要注入现代的元素，引导潮流。

3. 适用性原则

产品包装根本目的在于保护产品，因此产品包装设计一定要根据产品的外观、特性、材质等因素进行，如果包装起不到对产品的保护作用，那么再具有吸引力的外观也都是徒劳的。产品包装还要考虑仓储问题，因此，在设计时，产品的形状、大小、材质都要考虑周详，以此增强产品包装的适用性。

4. 科学与艺术结合原则

产品包装设计是一门艺术，通过其作品将唤起人们的审美情趣，提升人们审美水平，体现社会审美价值。同时，产品包装设计也是一门科学，它融合了美学、工程学、心理学、行为学、文字等多种学科的综合知识。

5. 市场原则

现代产品包装设计具有无声推销员的作用，包装的销售功能促使包装设计务必从经济、实用等方面考虑，一方面要通过其设计提高商品的附加值，另一方面必须通过其设计满足人们物质及精神方面的需要。

同时，文化创意产品包装设计既要符合现代消费潮流，也要符合网络购物的要求。线上、线下业务的融合必然带来包装设计在促进营销和设计模式上的转型和变化。在具体应用中结合包装设计的实际功能，还应注意消费群体、消费地区、形象色彩、产品特性、销售使用、系列化等方面。

八、营销策划

文化创意产品营销策划直接决定着文化创意产品营销的成败。一个新产品推向市场时，撰写产品营销策划书是必不可少的。文化创意产品市场消费行为实际是一种情感运作，消费者对文化创意商品的消费行为是一种文化情景的情愫发酵。当消费者购买地方特色文化创意产品时，相当于将当地的人文背景带回家，因此，文化创意产品的价值就在于它背后的故事。所以这里要强调的是文化创意产品应该具备诱发这些情愫的元素。

如果文化创意产品在外观、材质或技法上的特征不明显，可通过企业的品牌形象或包装的手法来实现。这里的包装是指创意产品的营销包装，如参与公益活动、特色活动的事件加持。那么就需要研究消费者的心理活动、购买行为以及购买决策等，接下来将分析消费者方面的因素。

(一) 心理价值比较

消费者选购文化创意产品会对产品所带来的意蕴进行比较，包括品牌价值定位，或是产品本身的故事，消费者都会用来做综合的价值比较，也就是说如果你的产品不具备品牌价值，没有衍生故事，没有设计理念和价值观等的清楚传达，那么就无法促动消费者的购买动机。当然如果产品品牌深度不够时，就会被视为消费性的消费，就是可买可不买产品。文化创意产品是一种心理层面的消费行为，如果产品无法在这方面创造价值，在市场上几乎没有竞争力。

（二）塑造个性化

文化创意市场讲究的是人文、文化与创意，文化创意产品必须具备独一无二的个性。过去的产品用特性来区分。文化创意产品的个性是指能够与消费者心理层可以沟通的个性，这个性是需要特别去塑造，其在创意上发挥空间非常大。

（三）消费动机

口碑营销一直是消费行为非常重要的一环，尤其在目前互联网消费的大浪潮下，更带动了群体的购买动机。文化创意产品既是一种心理价值的消费对象，一旦加强了这种心理价值的影响力及传播性，必定会在消费者群体中创造更大的反映。

（四）消费趋势

当前有一种追求时尚的新消费趋势正蔓延开来，其动机不在于民生需求，也不在于物质的享受，而是思想的认同，甚至是社交功能的衍生。文化创意产品在这方面更是发挥了这种效应。

（五）用户体验

普通产品大部分都是用来满足消费者预期的需求，而文化创意产品则是走进消费者心理，让消费者在第一次接触及使用中，就感受到惊喜与感动。这种创造体验价值引导的产品，更能够让消费者认同而成为忠实粉丝，从而为商家创造更多的商机。

九、市场反馈与再设计

文化创意产品投入目标市场后，根据市场的信息反馈，需要对重大问题组织召开专题讨论会，组织人员落实产品的改进与升级，对产品进行进一步设计与优化。并且要妥善、及时、有效处理客户反馈意见，不断改进产品质量，提高客户满意度和产品竞争力。

第三节　文化创意产品设计的过程管理

文化创意产品的设计已不再是几个设计师单独完成的事情，而是产品定位、工程设计、材料选择、模具打样、市场管理等各方面的相互配合，各领域的对接以及彼此互动。严格、高效的管理和文化创意产品设计流程管理可以给企业带来巨大收益，其中包括提高质量，改善客户服务，缩减时滞，减少成本，减少纸面作业，空间需求最小化，压缩管理层，提高应变能力，提高员工士气等。明确、清晰的管理流程能够帮助企业解决很多管理运作过程中遇到的问题。产品设计流程管理可以保证项目顺利进行，使企业少走弯路，从而确保项目利益和质量。文化创意产品设计管理流程主要分为系统化、标准化、模块化、流程化四种管理模式，分别反映在设计定位、创意过程、样品生产、营销反馈四个管理环节中。

一、设计定位的管理

设计定位阶段的管理模式主要采用系统化管理，系统化管理是文化创意产品开发和设计管理工作的根本，它要求设计管理工作和设计师要充分考虑文化符号及网络在产品应用与整合中的相关性，以及产品选项与设计应用的关联性。在产品开发工作中，必须围绕文化元素、网络产品应用和设计应用的多样性。在单一素材的应用上，可以拓展相近、相关品类；在单一品类上，则可以多功能、多种材料、多种尺寸的组合；在单一功能产品上，则可以采用不同材料、尺寸，针对不同年龄与性别可采用不同的色彩体系等。

二、创意过程的管理

文化创意产品项目在创意过程中，主要采用标准化管理模式，即在设计管理手段、流程、时间节点、工作周期等方面施行标准化的工作制度与体系。标准化管理模式可提高产品效率和保证产品方向。一方面，标准化管理可把设计师的碎片时间和扩散思维整合起来，既可以满足设计任务的目标需求，又可以保持设计师工作的独立性和扩张性，同时减少其他工作对设计具体工作的干扰，确保设计结果、设计方向、时间安排及成效等方面的可控。另一方面，标准化管理不是约束设计师及其思维，也不是限制设计工作的自由拓展，相反用标准化的工作机制可确保设计师的设计更接近客户预期，并且可以锻炼设计师对市场愿景和客户需求的精准判断与反应。

三、样品生产的管理

在文化创意产品的样品生产阶段，主要采用流程化管理模式，它实际上是标准化管理的具体执行。设计工作流程化是指根据设计思维、逻辑、进度的时序与速率建立起来的一种工作记录或备忘录，是设计管理工作中较为科学化的管理技术手段。流程化的管理把设计工作从概念、想法到实现及进入市场等环节进行顺序、时间、重要性、风险等工作内容的分割，进而对工作职责、范围、对接、统筹等进行画图，以结构化的形式来保证管理工作的有序进行。设计管理流程化可以充分保证文化创意产品设计的工作秩序、沟通交流等顺利进行，确保设计工作和产品研究在多任务思维的工作环境和设计语境中条理清晰和有序。

四、营销反馈的管理

垂直化管理模式已经成为新零售业的基本模式，文化创意产品设计管理也可借助垂直化管理方式。文化创意产品垂直属性主要体现在可以快速形成特定种类产品的长尾和持续延长，加上有效的设计管理手段和营销策略，自然可以覆盖大多数市场终端领域，比多个产品体系占领单个市场终端消费更具有成长性和盈利能力，产生产品消费黏性传播。垂直化管理对于产品设计的流程化、模块化的作用在于使得设计工作不会因为团队变动而影响企业运营，随着产品数量的增加，一定更有机会出现市场爆品。

第四节　文化创意产品设计的重要环节

一、文化内涵的体现

　　文化创意产品的文化内涵是文化创意产品价值体现的重要部分，文化创意产品开发的主要目的就是文化内涵的体现，将无形的文化内涵反映在某种物质载体上，以达到文化传承与文化传播的作用。我国著名设计师靳埭强说："中国文化是活的文化，不断包容不同时空的新观念，继往开来地代代更新。中国文化最有价值的，就是它具有生生不息的生命力！"

二、文化与创意的融合

　　文化创意产品强调的是创新和创造力，是文化艺术对经济的支持与推动的新理念、新思潮，属于一种经济实践。文化创意产品强调的是文化与创意的融合，突出体现创造力，以创新设计和文化的传承创新设计为核心。

　　文化创意产品侧重于满足个性化、人性化层面的心理需求，并在科技发展日新月异等背景下产生的，设计思想更加注重人文情感化设计，是今后文化创意产品设计的发展趋势所在。中国文化渊远流长，内涵博大精深，包括唐诗、宋词、书法、文房四宝、神话传说、戏曲、茶道等，产品设计的文化传承载体种类丰富，包括文具、饰品、家具、灯具、茶具、纪念品等生活用品。

三、产品语意的传达

　　产品所包含的每一根线条、每一种颜色都可能根据它们之间的组合关系表达出某种特定的心理感知。如设计师能有意识地对这些元素属性进行合理组合，就可实现恰当的语意表达。一般情况下，设计师可以通过产品元素的组合方式来表达语意细节。探究文化创意产品中可能包含的与其他符号之间的联系，并积极加以使用，是文化创意产品形成有效语意传达的关键所在。

四、生活方式的引导

　　文化创意产业的发展是对人们品位生活的引导，可刺激消费，营造社会文化氛围。文化创意产品设计的宗旨是引导人们拥有更好的生活方式，具有文化内涵的设计能引导人们在品尝特色餐饮，体验民俗活动中认知当地文化，从而消费文化创意产品。

　　文化创意产品通过对日常生活用品的创新设计，可将文化融入生活，减小人们的文化需求与实际生活之间的差距。利用人们对文化创意产品的新鲜感来刺激消费，增强文化创意产品的实用性。大众对文化创意产品的使用感受，反过来又可推动文化创意产品的改进，形成良性循环。生活中的文化创意产品越多，越代表着文化与日常生活的融合更加紧密，通过文化创意生活用品在某些细节上的改进，可在潜移默化中引导人们生活方式的改变。

五、消费方式的引领

在物质短缺时代，产品的市场价值主要由使用价值决定。随着物质短缺时代结束，知识经济时代到来，产品中内含的文化价值逐渐凸显，以人文精神构筑的附加值可以给予产品独特的个性。此外，创意产业作为具有自主知识产权的产业，为文化创意产品或服务提供了使用价值以外的文化价值，最终放大了产品或服务的市场价值。同时，由于创意产业的融合效应，使文化创意产业的现代服务业与制造业的边界逐渐模糊，两者共生、融合而形成了"服务业—工业化"新体系，充分表明基于产业成长和能级提升的文化创意与传统产业已水乳交融。如著名的 IBM 公司由制造型企业向创意服务型企业的转变；阿特金森和科特宣称"美国经济是以知识及创意为本的经济"；韩国、新加坡打造亚洲创意之都。这些都表明了传统产业逐渐文化创意化。

思 考 题

1. 文化创意产品创新设计思维的具体技法有哪些？通过设计实例进行说明。

2. 谈一谈不同设计材料与工艺应用对文化创意产品设计的价值体现。选用 3 种不同材料设计同一款文化创意产品，分析其材料适用性。

3. 根据实际项目谈一谈在文化创意产品开发与设计工作过程中设计管理的重要性。

4. 文化创意产品的包装设计原则有哪些？

第六章　文化创意产品项目案例实训

　　文化创意产业的形成与发展离不开设计环节，设计团队的建设又离不开高校的教育。当下，应用型专业人才培养模式的转变正是为了适应产业发展的需求，那么，基于实践性环节的文创产品项目实训将成为文创产品设计与开发的重要内容。实训的最终目的是全面提高学生的职业素质，最终达到学生满意就业、企业满意用人的目的。首先高校要通过项目实训，结合学校科研项目、校企合作项目、企业项目等形式，将实际项目融入专业实训。其次，高校实践教学要通过课程改革，让项目实训与教学相结合，以文化创意产业项目为主题，以学生或学生团队实际操作为重点，教师为项目辅导，通过项目团队的构建和运作，完成文化创意产业市场所需求的产品设计。学生在项目实训教学过程中，将理论知识运用到实际项目中，在体现自身价值的同时又适应了社会需求。教师在实训过程中，不仅提升了自身的能力，充实了社会知识储备，而且更有利于培养出市场需要的人才。最后，设计成果要进行相应的知识产权保护，有效地避免产权纷争。

　　本章将对五个设计案例进行说明，从选题背景、研究目的与意义、项目调研、创意过程、效果表达、工程分析、产品展板与现场展示等环节对文化创意产品设计整个流程进行详细分析与阐述，便于读者能够清晰、全面地了解文化创意产品项目具体设计过程。

第一节　北川羌族自治县石椅羌寨饰品系列设计

设计创作：林芳梅　　设计指导：黄言涛
毕业创作题目：石椅羌寨"石头"衍生产品设计
设计文案再编：郑玉茹　　文稿校审：杨文琦　尹　洁

一、选题背景

　　本设计案例是国家社科基金艺术类西部项目《汉羌山地村寨文化传承与发展研究》

（12EH123）的衍生课题，主要围绕课题组拟定的典型汉羌山地典型村寨"石椅羌寨"进行主题产品设计。

本设计案例主要以石椅羌寨的石头为设计元素进行衍生产品设计。石椅羌寨流传着白英石的传说，寨民们将白石认为是救身之神，是所有神灵的象征。每个石头都有它们的象征，供在房顶的白石象征天神；树林中的白石象征山神；天边地脚的白石象征土地神；供在家中的白石象征祖先。

石椅羌寨的白石主要有两处分布：一处分布在树林深处，这里是石椅羌寨一处没有受到任何污染的原始地带，那里有各种生长了几十年的稀有树木，树林里的土地由于常年没有阳光的照耀，滋生出了很多密集的杂草，像一层厚厚的生态"地毯"，让人不忍心踩上去，白石在这层"地毯"上不规则地分布着；另一处分布在田地里，这里的白石分布在露天，由于没有受到人为破坏，加上常年太阳、雨水的各种洗礼，石头的形状各异。这些都是设计元素的提取来源，同时，结合石椅羌寨本身的民族特色，设计出了符合石椅羌寨文化特色的石头衍生饰品。

二、研究目的和意义

（一）研究目的

旅游本身是一种精神文化的享受，旅游工艺品则是游客到旅游地游玩时经历的象征和载体，如果将原有的自然产物都开发了，反而会得不偿失。对于每一位来石椅羌寨旅游的游客来说，游玩的时间有限，如何能把游客游玩经历通过旅游纪念品这个载体记录下来呢？石椅羌寨特色的工艺品就是通过对石椅羌寨自然景观、生活习惯、风土人情和衣着服饰等全方位的设计与提炼，设计出符合石椅羌寨民族特色的旅游纪念饰品。

（二）研究意义

项目采取实物、口碑、广告宣传相结合的模式，开阔了石椅羌寨的发展，实现了石椅羌寨的人们对外发展的愿望。要通过文化创意设计为石椅羌寨的经济发展带来更大的效益，还需要在这种饰品上下功夫，通过制作工艺的研究，设计出适合批量化生产的产品，同时实现文化与产品相结合和发展的可持续性，这样的设计作品才更有助于石椅羌寨的文化发展和历史的延续，使石椅羌寨的旅游纪念品具有了石椅羌寨的文化、地域特点，也具有了纪念性和实用性。

三、项目调研

围绕主题进行资料收集分析、实地考察、实地访谈交流，并对羌寨已有饰品进行分析，形成项目调研报告，如图6-1所示。

石椅羌寨"石头"衍生产品　　　　　　　　　　　　　　　　　　　前期调研

前期调研
——石椅羌寨的来由

在北川老县城地震纪念馆对面的山崖上面，有一处既隐藏又开阔的人间仙境——石椅羌寨。

这里羌族风情浓郁，自认风光绮丽，地理环境独特，是文人墨客吟风赏景、论诗品画、吟诗作赋的地方，他们曾经为这里留下了"莫道此地无美景，众凡在画中行"的感慨。

每到阳春三月，果树秘红溢翠，青枝迎风奔叶，李花梨花争相竞放，山上山下银装素裹袭山海野花香满人。

这些远眺奇峰孕生羽，自成翠壁吐虹，满目丛林萃翠，是人们开阔视野，饱览大好山川，让观赏者与蔚蓝的天空，茶茶苍翠的山峦融为一体的心绪，更是城里人在紧张繁忙高节奏工作之余，远离城市的喧嚣污染，体验大自然亲密拥抱的休闲避暑，疏筋养身、调整心态，排除心里障碍的最佳环境，人们可以在绿色的果林、宜人的气候，清新的空气，时时处处赏野，呼出的是二氧化碳，吸入的是新鲜氧气头上蓝天白云，脚下是含露的咬财，置身于绿树青山，闻听的是花香与纲，品尝的是无公害水果，清明前后吃樱桃，端午期间吃枇杷，枇杷刚过吃李子，李子后面吃梨子，秋天接着吃柿子和红心核桃核等。

每当游客到来，神奇的进寨仪式隆重热烈，跳锣打鼓，鸣礼炮，献羌红，歌接风羌谣，姑娘们还将一首乡土气息浓郁的酒歌唱给客人："柴子花开好青白，捧碗美酒敬远客，朋友喝下这碗酒，心也甜来身也热"。唱的客人心花怒放，热情似火的咂咂酒歌，让客人在饮先醉，美好的祝酒词，让日子始终充满酒香，并沉浸在似仙非仙的虚无缥缈之中。

气势磅礴的篝火晚会上，喝酒开坛祭祀，嘉宾点火仪式，原生态锅庄，唱山歌，对情歌，吹羌笛，弹口弦，推杆，抱蛋，扭橙子，烤全羊，品吧酒等，让客人在激情奔放的欢乐之夜度过美好良宵。

通过峡领的无公害水果是这里的青山绿水暖夏凉，品种优良的大五星枇杷和誉为中国李子之乡的桐子李誉满锦州，名扬巴蜀，曾有人为这里写了首赞美诗"林茂果丰，大枷小枷都装满，香喷喷都得砥砖笑红颜，喜盈盈挤进山外大市场，乐滋滋含笑数新钱。累累硕果为我弹曲饮诗歌，曲曲酒歌，摇得羌族人那器长轴红云疙瘩齐抛欢，想扩羌的沙朗饶着你的脚脖直放特，让你感受到的是，喜在心间，笑在脸庞，香在嘴边"。

002　　　　　　　　　　　　　　　　　　　　　　　　　　　　　　　　　　　　003

石椅羌寨"石头"衍生产品　　　　　　　　　　　　　　　　　　　前期调研

神奇的地质结构，展现了鬼斧神工的杰作，一把最大的双人石椅形状逼真既是这里镇寨之宝，又蕴含着古羌人的传说，它是羌族至高无上的天神阿爸木比塔的三公主木姐珠和羌族小伙子安株成亲时由老天爷赐给他们的座椅，当地的羌民称之为：龙凤椅（龙凤呈祥之意），至今人们还相信：正在热恋中的情侣坐了就成一辈恩爱了；年轻恩爱的夫妻坐了，没有娃娃的可知愿得子，而且能让夫妻感情海枯石烂不变心，情深意笃，白头偕老；中年夫妻坐了，夫妻的爱情就会更浓更甜蜜，并能健康长寿。由于羌族人偏爱石头，加之这里有把种神奇的石椅，因此在很久很久以前这里就已名石椅寨了。

从石椅羌寨沿盘山公路上行一公里许，上面是一片充满神话色彩的高山上的平川，里面有个"金火盆"，传说是羌族火神蒙格瑟的儿子樾比娃上天为人间取火用来装火的盆子。当燃比娃端着这盆火正要走出天门时，碰上了恶神一喝都他不准盗火来，便抛魔法降下猛雨，不仅把火盆里的火熄息了，而且洪水滔天，连燃比娃同火盆一起卷入了洪水之中，待水消山现之后，这个金火盆就陷在这山谷之中，至今形状如初，后来，这里的羌民为缅怀燃比娃为人间取火的艰辛，就称这里叫"火盆山"。

在石椅羌寨门口正面有幅对联：上联"天赐石椅寨开"，下联"神造火盆仙山"就是这两处典故构成的。

掩映在山林果园之中还有不少牛形、马形、龟形、大象等形态各异的天然奇石，这些由石头形成的天然物件，人们一是我感受，说他们像什么它就是什么。

这里有不少地下风洞，从里面冒出的风冬暖夏凉，在炎热的盛夏，不须空调自然凉爽，说它是新阳底下无暑气，三伏盛夏有凉风，一点也不夸张，无论是三伏盛暑，还是数九寒冬，人们照常可以再这里观羌景色，看天上人间，领羌族风韵，享自然造化。

这里还有供人们游览的"石椅羌寨双八景"：

即：

> 君游羌山观石椅，关门石外道来历，
> 风河岩畔牛角叫，龙王井底触声息，
> 老屋门对古神祠，朝楼窗倚望神望，
> 土地庙空踏参祭，老寨岩下闻悲淀，
> 乱槽坊前观赌火，跑坪上望旗旗，
> 岩井子木重井，龙头山中听传古，
> 猴子岩金一碗水，老林包上百鸟鸣，
> 石龙石马石乌龟，水洞石穿留真迹，
> 年深时远仙镇开，天塌地陷景未移。

004　　　　　　　　　　　　　　　　　　　　　　　　　　　　　　　　　　　　005

石椅羌寨 "石头" 衍生产品　　　　　　　　　　　　　　　　　　　　前期调研

石椅羌寨调研

图1为在往石椅羌寨的路上，我们可以看到著名的"风岩洞"，一整面的石墙，只要拿竹子对着风岩洞中的小洞吹，就会有声音传遍整个石椅羌寨。

图2为风岩洞上有一个观景台，在观景台上可以看到地下的路与汶川地震博物馆。

图3为这是我们通往风岩洞的路。

图4为风岩洞中的洞。只要拿竹子对着这个洞吹，就会有响整个石椅羌寨的声音。

图5为石椅羌寨的前面。进入石椅羌寨第一眼见到的就是长梯上的寨门。两边写着一个对联"天赐石椅羌寨，神佑火盆仙山"。

图6为这是石椅羌寨寨门的背面，可以从它通往寨门的上面两层。

图7为寨门的第一层，排着五个木头做的大炮，用来模拟防御敌人。

图8为这个楼梯是通往第三层的，第三层可以居高临下看到寨子外面。似乎是用来瞭望情况的。

006　　　　　　　　　　　　　　　　　　　　　　　　　　　　　007

石椅羌寨 "石头" 衍生产品　　　　　　　　　　　　　　　　　　　　前期调研

图09为石椅羌寨的镇寨之宝"石椅"。石椅是由羌族至高无上的天神阿爸木比塔的三公主木姐珠和凡间羌族小伙斗安珠成亲时由天爷赐给他们再得庇护……即龙凤椅。它的位置正对着石椅羌寨的寨门。

图10为石椅旁边的一块讲解碑，写着双人石椅。

图11为石椅正对面由白石砌成的祭祀塔壁，最上层放着白石中间层是祭祀插箭处。

图12为石椅的左面图。

图13为石椅羌寨击鼓祈福的鼓。它的后面有一颗百年的神树。

图14为石椅羌寨神树击鼓祈福的大门入口。

图15为石椅羌寨的百年老屋。它是石椅羌寨保留的最久的一个屋子，虽然经过翻修但还是保留了很多原来的味道。

图16为这是百年老屋中的正大厅，仅剩下简单的一些门与大概的形态。

008　　　　　　　　　　　　　　　　　　　　　　　　　　　　　009

石椅羌寨 "石头" 衍生产品

图17为石椅羌寨在最高处有一个 "原始森林"，那是一个在有几十年寿命的树林密集的区域，由于常年没有阳光照人，说似生长在那里的植物都水水润润，地上铺着一层厚厚的绿色地毯，美的令人惊讶。

图18为生长在那里的石头，石头上长着黄绿色的青苔。

图19为我们即将走出树林时拍的一张 "重见天日"。

图20为原生环境的一个富有生命的区域。

图21为石椅羌寨的枇杷树，上面挂着 "14号" 意思是有的外来游客将这棵树买下来，然后由寨民给他们照顾枇杷树，等到枇杷收成的时候，他们就会来摘取枇杷，同时给寨民一些照顾枇杷树的费用。

图22为石椅羌寨正在修建的龙吟寺，其修建完后是石椅羌寨对佛教的信仰。

图23为石椅羌寨一个没有经过地震后的翻修的老屋，门口挂着好多的玉米与辣椒，体现了石椅羌寨的寨民生活与原始住房。

图24为汶川地震时从后面山上掉下来的石头，上面还刻着5.12，同时纪念汶川地震。

010

011

石椅羌寨 "石头" 衍生产品

图25为石椅羌寨在羌历新年时迎接外来游客所举行的欢迎仪式，大家在羌寨门口排好队伍准备迎接。

图26为羌历新年的前一天晚上，寨民们围着篝火跳舞的欢快场面。

图27为石椅羌寨在羌历新年这个日子在枇杷树上挂红绳祈求平安。

图28为羌历新年的早上，迎接完宾客，大家唱歌跳舞，快乐过年。

图29为石椅羌寨大门后面的一个白石塔，有三层，一层一层往上绕，从第一层可以到达最高层，在羌历新年祭祀的时候，寨民拉着祭祀用的羊鬼到到最顶层羊。

图30为石椅羌寨在羌历新年祭祀的时候的其中一个环节，喝玉米酒，祈求明年也能风调雨顺。

图31为石椅羌寨在羌历新年正式开始的祭祀活动，将羊绕着大门进行祭祀活动其中还有一个祭祀使者。

图32为石椅羌寨在羌历新年时需要的祭祀羊。

012

013

石椅羌寨 "石头" 衍生产品　　　　　　　　　　　　　　　前期调研

前期访谈

被访谈者：陈师傅夫妇
访谈时间：2014年10月23日
年　　龄：70多
经济来源：农活、养牲畜等
家庭情况：子女在外打工，只有夫妻二
　　　　　人在石椅羌寨生活

问题一：石椅羌寨有何特别的节日？
答：每年农历10月初1的羌历新年、冬至祭山神、在上古时期清明节之前就要扫完墓穴，清明节当天羌族人主要对家族内有犯错误的人在祠堂内进行惩罚。

问题二：石椅羌寨的羌民的生活经济来源？
答：玉米、小麦、茶树种植，现在还有很多水果。

问题三：石椅羌寨的婚丧嫁娶有哪些特点？
答：（1）结婚：由男方去女方家中接取女方在未来的途中送客快到男方家中时要放炮接客，换下来第二步拜堂（送亲客不能参与）。第三步吃午饭敬酒全家人都要参与，第二天新娘开始上锅灶。
（2）丧葬：寨内人家有丧彩凡是参与者全部用白布条围于头沿上，以表示对死者的缅怀和悼念。亡者下葬时讲究风水，请民间道士用罗盘测地看风水。

014

被访谈者：石椅羌寨活动外交员
访谈时间：2014年10月24日
年　　龄：78
寨中地位：受寨民尊敬的学者
负责事宜：主持、操办羌寨内所有的活动及
　　　　　与寨外的沟通交流

问题一：石椅羌寨的人们都供奉着羊头？
答：上古由汉宣王朝统一天下为汉人以来。川西（目前羌族所居地）羌族是由西北高原迁落至此地，且借助当地得天独厚的自然环境扎根落脚，开始开荒种地驯服野生羊群开始家养以拿其肉食来充饥，羊为羌族人提供了衣与食故后人对羊特别敬畏视它们为救命物。

问题二：石椅羌寨的羌民供奉白石的原因？
答：敬仰白石就等于敬仰所有的神灵，因为白石为救身之神，是所有神灵的象征。传说当时前迁徙至此地时受到了当地带往人的驱扰与当地人发生了冲突，且羌族人当时势力单薄打不过当地人，在被驱赶途跑时发现遍地都是白石。故用白石砸击追赶其并打败取得胜利，后来羌族人授白石为神。
供在房顶的白石为天神；
供在山上、树林中的白石代表山神；
供在天边地脚的白石代表土地神。

015

石椅羌寨 "石头" 衍生产品　　　　　　　　　　　　　　　前期调研

被访谈者：石椅羌寨陈主任
访谈时间：2014年10月22日
年　　龄：60多
寨中地位：管理寨中大小事务的主任
负责事宜：管理羌寨中的日常事宜，包
　　　　　括寨中的今后发展

问题一：石椅羌寨目前的发展有哪些？处于什么阶段？
答：目前茶叶种植，水果批发和旅游业，茶叶处于自产自销的状态，水果批发旅游业以农家乐为主。

问题二：石椅羌寨的未来发展有何计划？
答：对于未来的发展还是以旅游业和水果为主，但是要把水果和旅游业都以石椅羌寨宣传出去，同时要使旅游业发展的好，还要讲羌寨的手工艺品作为旅游纪念品推销。还有石椅羌寨的水果、都想以包装的形式推销，我们不止要包装整个石椅羌寨，还要包装石椅羌寨的所有发展。

问题三：石椅羌寨最有特色的景观有哪些？
答：石椅、原始的石头森林、风岩洞、火盆山。

016

被访谈者：石椅羌寨陈书记
访谈时间：2014年11月25日
年　　龄：40多
寨中地位：国家任命的石椅羌寨书记
负责事宜：负责村里的文化建设，下达
　　　　　党的英明政策

问题一：石椅羌寨的未来发展有何计划？
答：石椅羌寨未来的发展还是当地的水果和茶叶，这些都是石椅羌寨最原始保留的自然生存，同时发展旅游业与农家乐，与外界联系沟通，不落后于世界。

问题二：石椅羌寨的现在的发展有哪些缺失？打算如何弥补这些缺失？
答：现在的发展缺失在于茶叶都是自产自销，没有想办法销售出去，水果虽然有用做批发，但都是批发给水果商人，也没有为石椅羌寨打出知名度农家乐现在也都还慢慢发展中。未来的旅游客人也越来越多，但是每回来寨也都是休闲的玩一玩，都没有什么象征石椅羌寨的礼物带回去，所以也无法起到好的宣传。
为了弥补这些缺失，我们打算设计一些能具有我们民族特色的手工艺品可以作为旅游纪念品销售，同时将我们水果做成保存久的产品，销售给来游玩的游客，同时为我们的水果做宣传。

017

石椅羌寨"石头"衍生产品　　　　　　　　　　　　　　　　前期调研

羌寨饰品调研

这是用羌绣设计制作的一款羌族挂饰，体积小，容易携带，同时具有羌族的民族特色。

这是用羌绣来设计的一款羌族项链，其搭配羌族服饰统一协调。

这是用羌绣来设计的一款羌族吊饰，挂在腰间的一种饰品，羌绣以五彩丝线或有色棉线等为刺绣料，不仅用于服饰上，也用于在配饰上，如姑娘们头饰的头巾、腰间系的图裙等，让羌寨的每件东西都成为一种艺术品。

羌族人将各种珊瑚和野生白石做成项链，其是对白石的家青尊敬珊瑚等各种石头时候羌族与藏族形成羌藏部落的时候引用的藏族的饰品。

018　　　　　　　　　　　　　　　　　　　　　　　　　019

石椅羌寨"石头"衍生产品　　　　　　　　　　　　　　　　前期调研

调研总结报告

石椅羌寨的每个景色特征在我们的一一观赏浏览之下都有了了解。

在之前的调查中，我们发现了石椅羌寨寨民们最需要，也是要发展的几个地方：

一、石椅羌寨的石椅是他们最大的一个亮点；

二、石椅羌寨的水果的包装与零售的发展；

三、石椅羌寨四周都是石头，并且拥有一个原始石头林，那里的石头纯天然，全是自生生长的奇性形态；

四、石椅羌寨的植物，全是野生植物，具有各种美的形态与独特的功效。

羌族银饰种类较多，有耳环、手镯、发簪、银满……羌族银饰不但作为装饰品佩带，让你银光闪闪，美丽动人，而且它有着不同的治病工效，如去风湿。民间许多老百姓还把羌族银饰作为家传宝传于子嗣。

在这几处的发现下，我选择了石椅羌寨的石头做衍生产品。石头的衍生产品我选择了石椅羌寨的饰品设计，同时我选择了各种石头与银饰为生产材料。其原因是银饰品本就是在羌寨中广受羌寨人们的喜爱同时根据白石传说选择了与白石一样颜色作为饰品的原材料，体现石椅羌寨的人们对白石的尊敬。外观采用石头的外形与石头的纹理作为创新。石椅羌寨缺少拥有自身特点的旅游工艺纪念品。本人的思路想解决石椅羌寨目前面临的这一项问题。

020　　　　　　　　　　　　　　　　　　　　　　　　　021

图6-1　项目调研报告

四、创意过程

　　创意过程包含设计思维导图、创意过程、定案草图三部分。设计思维导图（如图6－2所示）是在项目调研基础上进行的思维拓展与发散，为创意过程提供思路与关键词；创意过程主要汇总了前期进行的所有创意方案草图，如图6－3所示；定案草图是最终选定要进一步执行的创意方案草图。

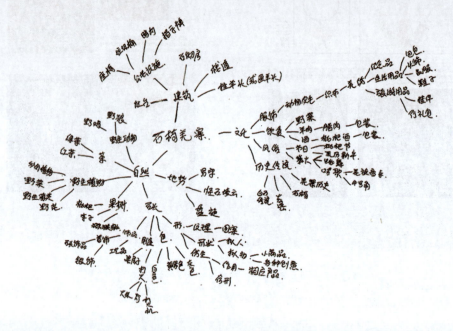

图6－2　设计思维导图

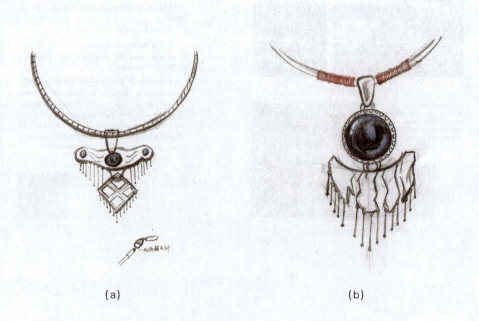

(a)　　　　　　　　　　　　　　　　　(b)

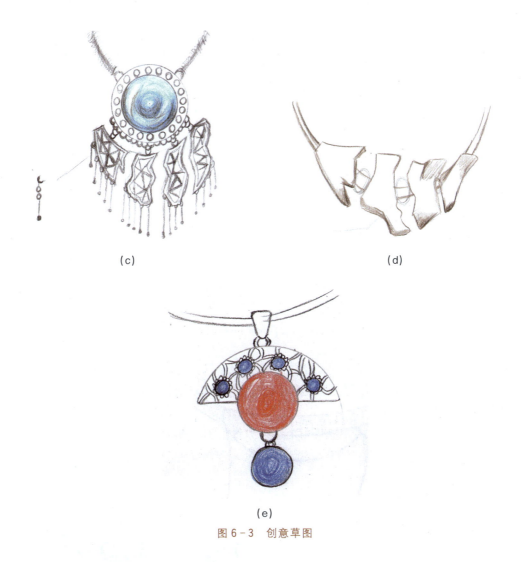

(c)

(d)

(e)

图 6-3 创意草图

创意草图(a):提取石椅羌寨银饰作为元素,以简化的形式表达,缩小银饰使之更加轻巧,符合现代女性的审美要求。

创意草图(b)、(c):整个坠子以简化了的羌族服饰中的珠链子为基础,简单的造型中间镶嵌蓝色珊瑚石,使其简约又不失民族感,符合现代女性的审美要求。

创意草图(d):根据石头的造型将项链分为4块,每块各具其特点,使其具有原始复古的造型,同时又不失民族感与现代感。

创意草图(e):根据石椅羌寨石头的造型设计的项链造型,图案提取了石椅羌寨的祥云图案,中间镶嵌的是石椅羌寨珊瑚石。

定案草图 1(如图 6-4 所示):以绳编珠子为链条,结合石头的外观造型而设计出的一整套饰品,包括耳钉和戒指,整体符合现代女性的审美要求。

图 6-4　定案草图 1

定案草图 2 左侧图（如图 6-5(a)所示）：以绳编珠子为链条，结合石头的外观造型而设计，银饰上的图案提取于羌族图案，镶嵌蓝色珊瑚珠进行装饰，与现代银饰设计造型相结合，同时又不失民族感。

定案草图 2 右侧图（如图 6-5(b)所示）：以绳编珠子为链条，结合石头的外观造型而设计的一整套饰品，包括耳钉和戒指，整体符合现代女性的审美要求。

(a)　　　　　　　　　　(b)

图 6-5　定案草图 2

定案草图 3（如图 6-6 所示）：采用民族风的绳编链，结合石头的肌理造型进行设计，银饰上镶嵌绿色珊瑚珠进行装饰，且耳环带有条形坠子，以达到现代银饰的时尚效果，同时又具有整体性。

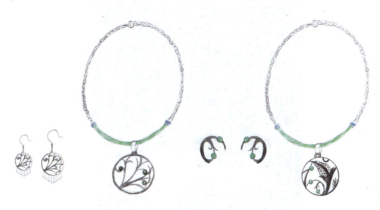

图 6-6　定案草图 3

五、效果表达

效果表达主要包括定案草图的效果图制作、产品三视图绘制、包装设计方案的确定、包装设计图绘制、附属设计、实物模型展示等。包装设计方案以及其他附属设计都是产品设计方案完成之后需要拓展的设计部分。

定案效果图 1（如图 6-7 所示）：以绳编珠子为链条，结合石头的外观造型而设计，银饰上的图案提取于羌族图案，镶嵌蓝色珊瑚珠进行装饰，以达到现代银饰的时尚效果，同时又不失民族感。

图 6-7　定案效果图 1

定案效果图 2(如图 6-8 所示)：以绳编珠子为链条，结合石头的外观造型而设计的一整套饰品，包括耳钉和戒指，整体符合现代女性的审美要求。

图 6-8 定案效果图 2

定案效果图 3(如图 6-9 所示)：采用民族风的绳编链，结合石头的肌理造型进行设计，银饰上镶嵌绿色珊瑚珠进行装饰，并且耳环带有条形坠子，以达到现代银饰的时尚效果，同时又具有整体性。

图 6-9 定案效果图 3

　　产品三视图主要是给出产品设计的主要尺寸，对产品整体大小和主要结构进行考量，如图 6 – 10 至图 6 – 12 所示。

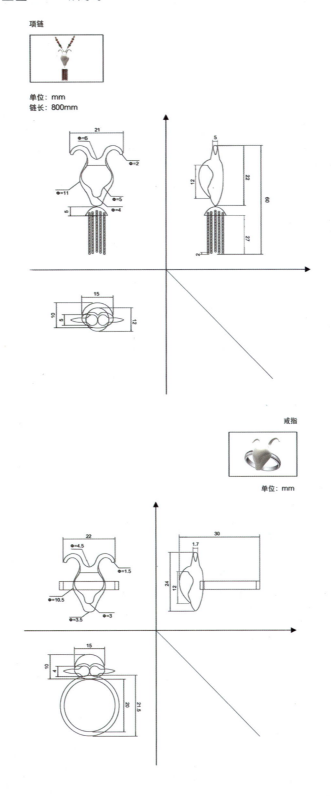

耳钉

单位：mm

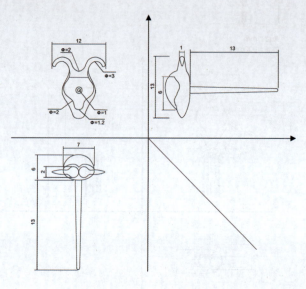

图 6－10　产品三视图 1

石形系列尺寸图：

项链

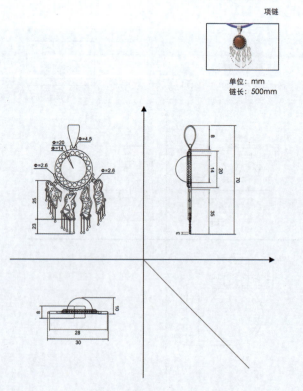

单位：mm
链长：500mm

耳环

单位：mm

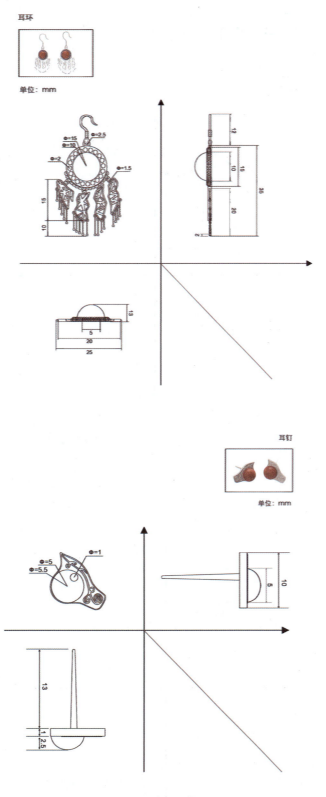

耳钉

单位：mm

图 6-11　产品三视图 2

项链

单位：mm
链长：450mm

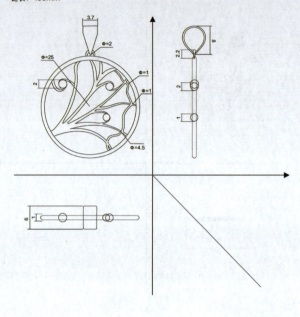

项链

单位：mm
链长：450mm

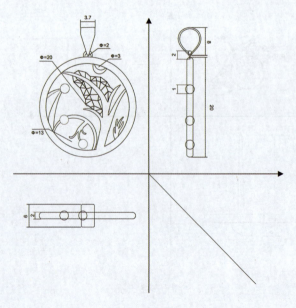

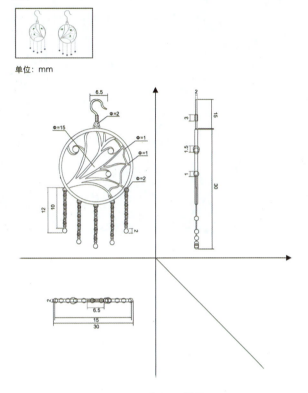

图 6 – 12　产品三视图 3

石椅羌寨是个以手工业为主的羌寨，设计者从该方面入手，以牛皮纸为材料制作包装盒，成本低，可手工完成，外观简单、复古，如图 6 – 13 所示。

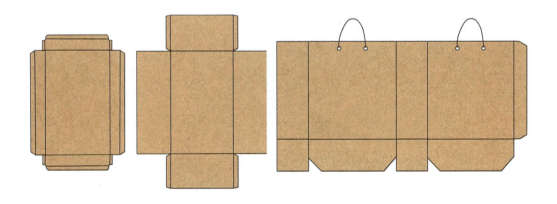

图 6 - 13　产品包装盒

包装盒尺寸：

（1）套装盒：20 cm×18 cm×6 cm；

（2）项链盒：22.5 cm×5 cm×3 cm；

（3）手链盒：8 cm×8 cm×6 cm；

（4）耳环盒：9 cm×9 cm×3 cm；

（5）戒指盒：5.3 cm×5.3 cm×8 cm；

（6）耳钉盒：5.3 cm×5.3 cm×3.8 cm；

（7）套装袋：大号尺寸为 28 cm×20 cm×10 cm，中号尺寸为 20 cm×15 cm×7.5 cm，小号尺寸为 12 cm×10 cm×6 cm。

因为包装盒上缺少石椅羌寨的特色，所以设计了一款封条（如图 6 - 14 所示），使包装盒具有了石椅羌寨的特点，同时简单、实用、美观。实物展示如图 6 - 15 所示。

图 6 - 14　其他附属设计

图 6 - 15　实物模型展示

六、工程分析

工程分析主要是针对定案的样品制作过程中所涉及的颜色、材料、工艺等方面的研究（即 CMF 研究），以及样品制作过程记录与分析。

（一）材料分析

1. 纯银

925 银其实是指含银量为 92.5% 的银质品，如图 6 - 16 所示。925 银色泽纯白，有着强金属光泽，是 925‰ 的银与 75‰ 的铜的合金，这是银的最高纯度。因为足银过于柔软并且容易氧化，所以自从 TIffany 公司开发出 925 银以来，925 银就被国际公认为纯银。

图 6 - 16　银饰

2. 泰银

泰银一般是指千足银（如图 6-17 所示），即 999‰ 的银含量，也有些仿制泰国工艺把 925 银硫化成"古银效果"，也称作"泰银"。国内生产的泰银一般工艺比较简单，所以比起 925 银价格要更低一些。

图 6-17　泰银

3. 藏银

藏银是一种含银较少的合金，是白铜（铜镍合金）的雅称。传统上的藏银为 30% 银加上 70% 的铜，但是传统工艺的"藏银"，现在市场上也已见不到了，大多以白铜完全替代，如图 6-18 所示。

图 6-18　藏银

4. 珊瑚

珊瑚颜色主要有红、粉红、白和黑 4 种，如图 6-19 所示。最白的珊瑚如同牛奶颜色一样，用它做成的饰物一般佩戴在海蓝色的夏装上。最红的珊瑚近乎紫红，也有粉红的。一种黑珊瑚产自阿拉斯加东南海岸及夏威夷群岛。此外，有一种蓝珊瑚产于非洲，但已基本绝迹。中国、日本及东南亚各国的人们都较喜欢佩戴珊瑚首饰。

图 6-19　珊瑚

5. 绿松石

绿松石（英文：Turquoise）又称土耳其玉，是铜和铝的含水磷酸盐，属于磷酸盐矿物，如图 6-20 所示。绿松石一般是由水流沉淀生成，颜色从蓝、绿色到浅绿和浅黄色，硬度差异较大。绿松石一般被人们当作宝石，其中蓝色的为贵重品种。

图 6-20　绿松石

绿松石按颜色分为以下几种：

（1）蓝色绿松石（Blue turquoise）：蓝色，有时为暗蓝色，不透明块体。

（2）浅蓝色绿松石（Pala blue turquoise）：浅蓝色，不透明块体。

（3）蓝绿色绿松石（Blue-green turquoise）：蓝绿色，不透明块体。

（4）绿色绿松石（Green turquoise）：绿色，不透明块体。

（5）黄绿色绿松石（Yellow-green turquoise）：黄绿色，不透明块体。

（6）浅绿色绿松石（Greenish turquoise）：浅绿色，不透明块体。

（二）样品制作过程

图 6-21 至图 6-24 展示了样品制作的部分过程。

图 6-21　样品制作过程——雕蜡

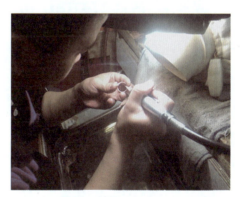

图 6-22　样品制作过程——打孔

图 6-23　样品制作过程——磨石

6-24　样品制作过程——封条

七、产品展板与现场展示

产品展板是指产品现场展示的展板，用以展示创意来源、设计关键点、产品效果等，如图 6－25 所示。

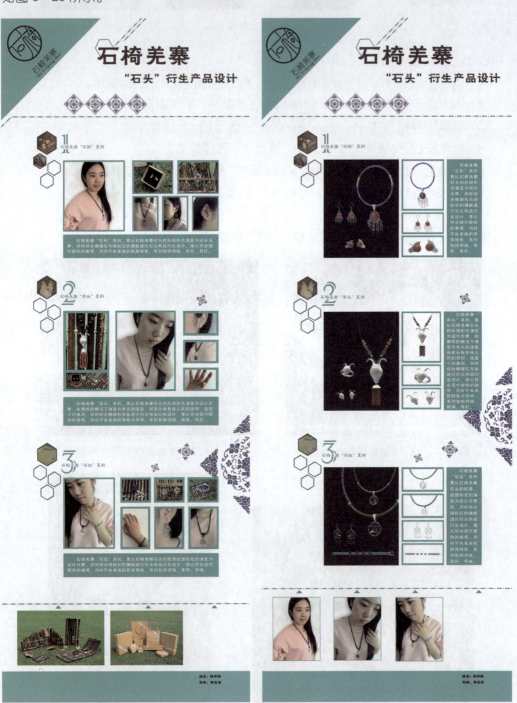

图 6－25　石椅羌寨设计产品展板

现场展示是指将样品和产品展板在预定场所进行展示的过程，通过合理的布展，凸显产品特性，展示设计亮点，如图 6 - 26 所示。

图 6 - 26　石椅羌寨设计现场展示

第二节　平武白马藏族饰品设计

设计创作：刘桂芳　　　设计指导：黄言涛
毕业创作题目：平武白马藏族饰品设计
设计文案再编：郑玉茹　　　文稿校审：杨文琦　尹　洁

一、选题背景

本设计案例为自选课题，自命题为平武白马藏族饰品设计。由于平武白马藏族是一个鲜为人知的少数民族，对其进行旅游开发有一定的意义。

平武白马藏族最显著的特征就是装饰有面具与插着羽毛帽子的寨子大门，如图6－27所示。他们具有当地生活习俗与民族特色。

图6－27　平武白马藏族寨子大门

二、研究目的和意义

（一）研究目的

首先，通过调研，对平武白马藏族的民族风情、生活习惯等方面进行了解和认识，并收集用于设计创作的元素。其次，选取设计点进行文化创意产品开发，在体现平武白马藏族文化内涵的基础上，拓展设计思维，形成系统设计方案。最后，围绕平武白马藏族文化特色，至少完成一套能够体现平武白马藏族特色的产品，并制作样品。在设计时，无论在民族服饰，还是在传统习俗等方面，首要目的是进行文化元素的提取和再设计，最终运用于设计方案中。

（二）研究意义

对平武白马藏族的调查研究，可以从文化传承、社会影响、产品开发三个方面切入。

平武白马藏族实行一夫一妻制，一般不与外族通婚，这意味着平武白马藏族的文化传承被局限于他们自己生活的区域内，不接触外来文化，也不主动向外传播。封闭式的文化传承，不利于保持我国文化多样性，因此对平武白马藏族的文化进行调研，不仅有利于平武白马藏族文化向外传播，也有利于提升我国的文化自信。

对平武白马藏族文化的深入研究为文化创意设计提供了更丰富的资源。文化创意工作者根据平武白马藏族的文化特色，从中提取色彩、线条等元素来进行文化创意产品设计，为社会提供了更丰富的文化创意产品，也满足了人民大众的精神文化需求。

平武白马藏族的文化创意产品开发不仅是文化的创新与传承，也能为平武白马藏族人民带来经济效益。目前平武白马藏族的民族语言已基本丢失，民族汉化现象较为明显，因此开发代表平武白马藏族民族特色的文化创意产品也是对民族文化的传承与保护。

三、项目调研

项目调研包含资料收集、分析，实地调研，问卷调查与分析等。问卷调查与分析是进行课题调研的常用方法之一，是通过收集的数据分析得出设计关键词和创意方向的方法。本项目调研部分图片如图 6 - 28 所示。

图 6 - 28 项目调研部分图片

四、创意方案与表达

　　创意方案与表达包含思维发散图（如图 6-29 所示）、设计图、电脑模型、场景图（如图 6-30 所示）等。思维发散图即设计思维导图；设计图包含草图（如图 6-31 所示）、倾向图（如图 6-32 所示）、取向图（如图 6-33 所示）、定案图（如图 6-34 所示）等内容；电脑模型、场景图等都属于效果表达部分的内容，电脑模型包含产品模型（如图 6-35 所示）、产品尺寸图（如图 6-36 所示）、产品细节图（如图 6-37 所示）等。

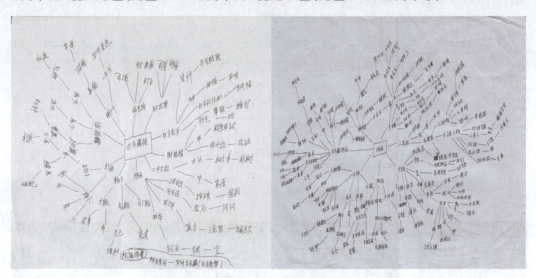

图 6-29　思维发散图

图 6-30　场景图

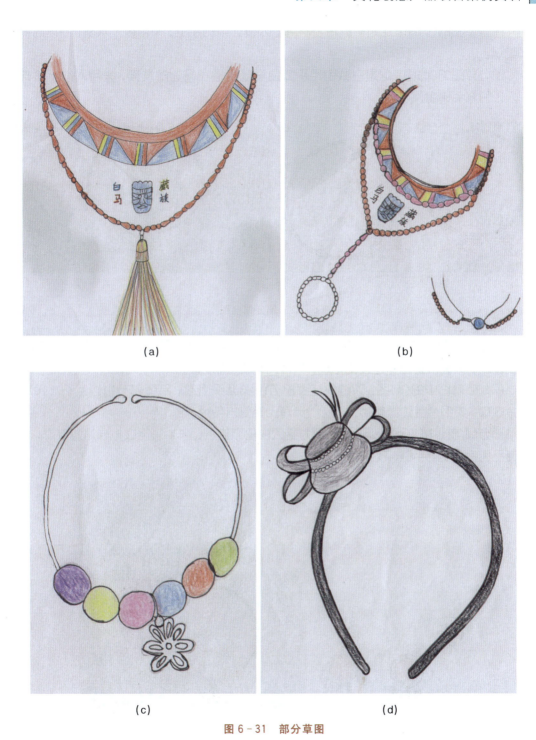

(a)　　　　　　　　　　(b)

(c)　　　　　　　　　　(d)

图6-31　部分草图

　　部分草图的(a)图：这是一款夸张的锁骨项链，具有民族特色，款式独特，花纹采用白马藏族服饰上的花纹，材质运用编制＋木质。

　　部分草图的(b)图：这是一款戒指与手链的一体链，具有民族风，采用编制＋银搭配。

部分草图的(c)图：这是一款将七彩色融入设计中的手链，采用银＋水晶，百搭时尚又美观。

部分草图的(d)图：这是一款引用平武白马藏族帽子设计的发箍，采用网纱＋珍珠＋人工鸵鸟毛＋金属。

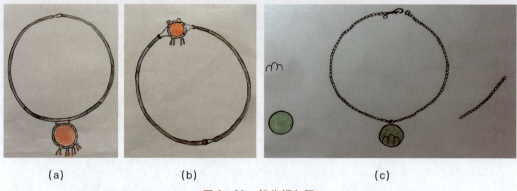

(a)　　　　　　　(b)　　　　　　　　　(c)

图6-32　部分倾向图

部分倾向图中的(a)图：项链的挂颈部分由线编织而成，吊坠部分由红宝石＋黄铜合金做成，黄铜合金边缘有镂空花边，具有民族复古特色。

部分倾向图中的(b)图：项链的挂颈部分由线编织而成，吊坠部分由红宝石＋黄铜合金做成，黄铜合金边缘有镂空花边，具有民族复古特色。

部分倾向图中的(c)图：设计理念为平武白马藏族的山神，采用银＋绿玛瑙做成，此套饰品包括项链、手链、戒指和耳环。

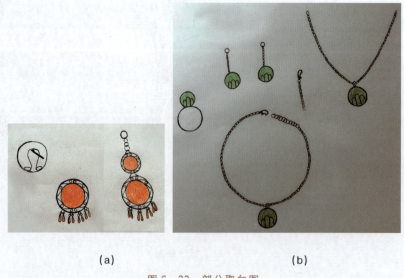

(a)　　　　　　　　　　　　(b)

图6-33　部分取向图

部分取向图的(a)图：这是两款耳环，一长一短，下面小火焰吊坠象征火神，具有保佑之意。

部分取向图的(b)图：此设计理念为平武白马藏族的山神，采用银＋绿玛瑙做成，此套饰品包括项链、手链、戒指和耳环。

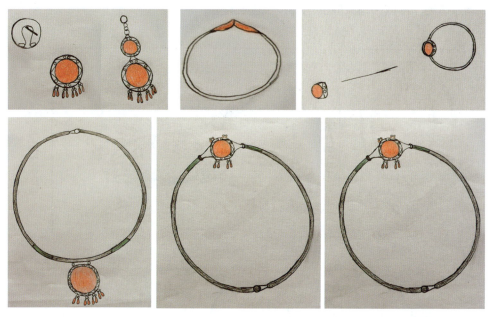

图 6-34 定案图

图 6-35 产品模型

产品模型图中的火焰象征火神，山形象征着至高无上的山神，以火焰和山为提取元素，同时体现了平武白马藏族的信仰及民族文化。

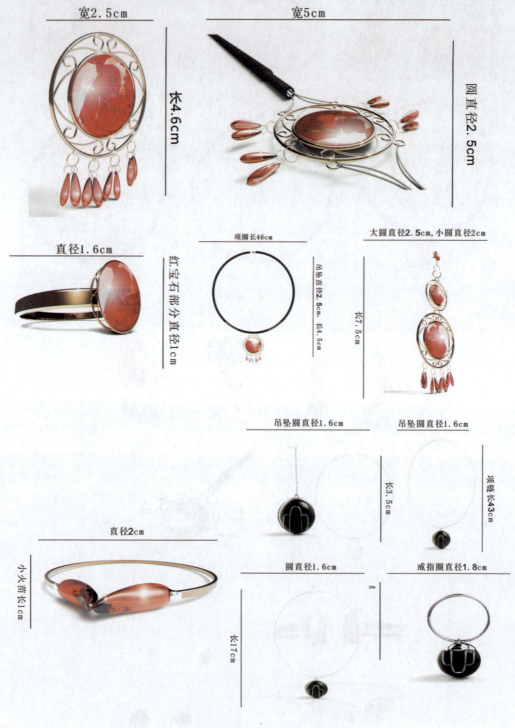

图 6-36　产品尺寸图

图 6 - 37 产品细节图

五、样品制作

样品的实现过程是对设计的考量，根据材料、工艺的要求，进行设计完善，在设计创意和生产制作之间寻求交融点。平武白马藏族饰品设计样品制作部分过程如图 6 - 38 所示。

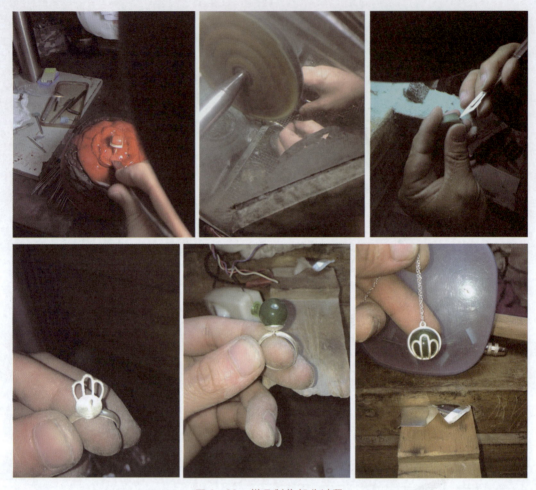

图 6-38 样品制作部分过程

六、产品展板与现场展示

设计作品的产品展板(如图6-39所示)与现场展示(如图6-40所示)是检验一项设计是否成功的重要环节,也是衡量设计水平的主要依据之一。

图 6 – 39　产品展板

图 6-40 现场展示

第三节　绵阳盐亭嫘祖文化图形图案设计

设计创作：陈怡君　　设计指导：黄言涛
毕业创作题目：绵阳市盐亭县文化创意产品系列设计（家居）
设计文案再编：郑玉茹　　文稿校审：杨文琦　尹　洁

一、选题背景

本设计案例来源于对现代创意设计与当地旅游文化相结合的实用性产品的理解。

首先"文化传承"一词在设计中越来越流行，但是我们要做的工作并不是照搬照抄现有文化，而是要解决怎样将流传下来的文化制作成适合于现代人的一种实用性产品。

其次绵阳市盐亭县文化创意产品是对当地流传了几千年独特的文化的一种表现。当地代表文化（嫘祖）源自于中国远古时期，简单来说就是栽桑养蚕的历史，它在中华文化发展过程中以及在世界文明的历史上写下了极为浓重的一笔。

经查询大量相关资料，以及对绵阳市盐亭县进行实地考察，了解到绵阳盐亭县不仅仅有嫘祖文化，还有一些其他独有特色的文化。通过对当地文化进行调查，并对当地的一些特色服饰、文化、舞蹈、音乐等进行分析后发现盐亭县的区域文化有相当大的开发价值。而且目前正值盐亭县大力发展旅游业的阶段，将区域文化与旅游业结合，设计出代表当地文化特色的纪念品，更有利于盐亭文化的传承与推广。

二、研究目的和意义

（一）研究目的

绵阳盐亭县的嫘祖传统文化流传至今，目前仍保留着许多民间祭祀嫘祖的活动，主要有春礼和秋礼两种。嫘祖文化作为我国优秀的传统文化，展示了古人对"人文女王"的无上崇敬。对嫘祖文化的研究能够保证嫘祖文化不被时代遗忘。通过不断开发嫘祖文化创意产品，吸引大众对嫘祖文化进行主动了解，利用文化潜移默化的作用，推动嫘祖文化向更好的方向发展。

（二）研究意义

我国作为文化大国，对文化不能只一味地保护，还要进行文化输出。要想进行文化输出就要团结全民的力量和提升全民的文化素养，将我国优秀传统文化融入社会生活的方方面面。嫘祖文化的传承与创新离不开嫘祖文化的推广。先进行文化推广使嫘祖文化获得一定群众基础后再对它进行文化创意产品开发，有利于文化创意产品更快地进入市场，同时也能扩大嫘祖文化的影响力。

三、项目调研

本项目调研内容主要包含资料收集、分析，实地考察，问卷调查与分析等，具体任务为对盐亭县的历史文化做简要分析，对嫘祖文化景区和公共设施上的文字、图案进行分析总结等。

　　盐亭是中华民族的人文始祖、轩辕黄帝元妃嫘祖的出生和归葬之地，存在的历史古迹如图6-41至图6-43所示。嫘祖因发明了缫丝养蚕制衣法为人类造福而被尊称为华夏之母，因此盐亭具有浓郁的桑蚕文化气息。

图6-41　嫘祖陵

图6-42　浮雕凤凰图案

图6-43　石栏杆上的"嫘祖圣地"字样图案及风景区顶端的嫘祖陵墓

问卷调查可分别从游客旅游途中购买的纪念品类别、对嫘祖文化的了解程度和对旅游纪念品蕴含的文化内涵等三个方面进行调查。问卷调查部分内容如图 6 - 44 所示。

选项 ▲	小计 ▽	比例
装饰性强产品	12	21.82%
本地手工艺品	12	21.82%
有趣的	23	41.82%
实用性强	8	14.55%
本题有效填写人次	55	

选项 ▲	小计 ▽	比例
华夏之母-嫘祖	31	56.36%
桑蚕文化	49	89.09%
嫘丝制衣	29	52.73%
西部花都	5	9.09%
本题有效填写人次	55	

选项 ▲	小计 ▽	比例
文化性	39	70.91%
地域性	22	40%
艺术性	45	81.82%
实用性	26	47.27%
本题有效填写人次	55	

图 6 - 44　问卷调查部分内容

四、设计思维导图

盐亭县文化创意产品要围绕嫘祖文化进行创意思维拓展，确定嫘祖文化创意产品设计思维导图，如图 6 - 45 所示。

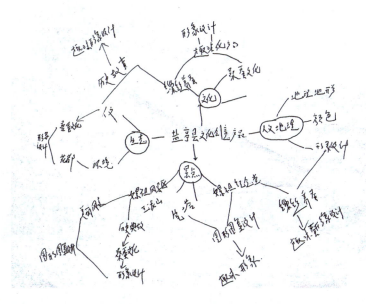

图 6 - 45　设计思维导图

五、图形图案设计

以嫘祖文化已有的图形为基础，结合当下流行趋势，进行图形图案再设计。

如图 6－46 所示的图形图案设计以发现蚕—养蚕—缫丝—制衣整个过程为灵感。

图 6－46　图形图案设计

如图 6－47 所示的图形图案设计主要采用盐亭风景为设计元素，并进行了素描、水彩、泼墨化处理。

图 6－47　图形图案设计

如图 6－48 所示的民族风格图形图案设计采用从发现蚕到养蚕再到缫丝，最后到制衣整个过程为中心元素，并以桑叶等图案以及其不同的颜色为辅助元素进行设计。

图 6 - 48　民族风格图形图案设计

如图 6 - 49 所示的现代风格图形图案设计采用桑叶、抽象蚕、蚕蛹、蝴蝶、线条、凤凰为图案元素，颜色则采用明快的色彩为主。

图 6 - 49　现代风格图形图案设计

　　如图 6-50 所示的民族风格风景图案设计采用凤凰及嫘祖建筑为图案元素，并进行了色彩及笔触的处理。

图 6-50　民族风格风景图案设计

　　如图 6-51 所示的现代风格风景图案设计采用盐亭的蝴蝶建筑、嫘祖陵（碑）及凤凰为图案元素，也进行了色彩及笔触的处理。

图 6-51　现代风格风景图案设计

六、图形图案的设计运用

图形图案在丝巾方面的设计运用如图 6-52 所示，将 8 组不同的民族风和现代风图案相结合运用到丝巾上，主要针对女性装饰产品设计。

图 6-52 在丝巾方面的设计运用

图形图案在钱包方面的设计运用如图 6-53 所示，将 8 组不同的民族风和现代风图案相结合运用到钱包上，主要针对女性出门必备产品进行设计。钱包上美丽的图形图案更能体现女性优雅的气质。

图 6-53 在钱包方面的设计运用

图形图案在衍生产品场景的应用设计如图 6-54 所示，将提取的桑蚕文化元素进行设计。这样设计的存钱罐在家居生活中具有一定的装饰性及实用性。

图 6 - 54　衍生产品场景的运用设计

绵阳盐亭嫘祖文化图形图案设计成果展示如图 6 - 55 所示。

图 6 - 55　成果展示

七、项目委托书与项目成果

毕业项目转化委托书有利于学生毕业设计成果后期的展示与转化。

如图 6 - 56 所示的毕业项目转化委托书是对甲方(学生方)、乙方(被委托方)双方就毕业设计作品的产权转让或项目转化签署的相关协议。

产品设计专业 2017 届毕业设计
相关事宜授权委托书

委托人（甲方）（基本信息手写，不能涂改，并加盖手印，提供身份证复印件）：

姓名：陈怡君　　性别：女　　身份证号：46926　　　　　3

受托人（乙方）：绵阳市涪城区黄言涛产品创意工作室　　　　（加盖

法人代表：黄言涛　　法人代表电话：189　　　1　　公章和

法人代表证件号（身份证）：372925　　　　3　　法人章）

　　甲方、乙方就产品设计专业 2017 届毕业设计作品的相关事宜达成以下委托事项：

　　第一，甲方全权委托乙方负责毕业设计作品的产权转让或项目转化，并由乙方代理签署相关协议。

　　第二，甲方全权委托乙方负责毕业设计作品的参赛或参展，获奖或参展证书原件由乙方保管，乙方需提供给甲方证书扫描件；获奖或参展奖金参照《产品设计专业教研室关于经费分配的说明》相关规定执行；参赛或参展过程中的作品损坏、丢失事宜委托乙方与赛事主办方沟通解决。

　　第三，如果在 2018 年 6 月 1 日前没有完成产权转让或项目转化，毕业设计作品甲方按照第①　中约定形式执行。

　　①继续委托，直至转让；②作为展品留在展馆；③委托到付邮寄；
　　④根据乙方需要自行处理；⑤其他商定的形式处理。

　　第四，在委托过程中，作品的非正常损耗或损坏，由乙方负责处理。

　　第五，本委托书壹式贰份，甲乙双方各持壹份。

　　第六，其他未尽事宜，友好商议解决。

委托人签字：陈怡君

2017 年 6 月 13 日

图 6 - 56　毕业项目转化委托书

　　中国特色旅游商品大赛是为了扩大我国全域旅游购物消费，树立中国旅游商品品牌，繁荣我国旅游商品市场，推动全国各省、市、区旅游商品快速发展，加快我国旅游产业的整体发展而举办的大赛。如图 6－57 所示为绵阳市在中国特色旅游商品大赛四川赛区所获得的获奖证书。

四 川 省 旅 游 协 会

关于 2017 中国特色旅游商品大赛四川赛区
评选表彰的通知

绵阳市旅游协会：

　　在 2017 中国特色旅游商品大赛四川赛区评选中，绵阳市旅游协会积极组织旅游商品参赛，推出了一批反映绵阳悠久历史文化和市场认可度较高的旅游商品，荣获最佳组织奖。绵阳市旅游协会选报的黄言涛产品创意工作室嫘祖文化图形图案设计及运用荣获四川赛区金奖、下饭菜-香辣魔芋荣获四川赛区银奖、"和谐旅游"草编装饰画系列荣获四川赛区铜奖。希望绵阳市旅游协会在今后的工作中，以此次评选为契机，强化旅游商品开发和品牌提升，推动绵阳旅游商品提档升级。

四川省旅游协会

2017 年 9 月 11 日

图 6－57　获奖证书

第四节　基于北川羌族建筑元素的香料挂坠系列设计

设计创作：廉　正　　设计指导：姚　伟
毕业创作题目：北川文化创意研究与设计（建筑元素篇）
设计文案再编：郑玉茹　　文稿校审：杨文琦　尹　洁

一、选题背景

本设计案例是国家社科基金艺术类西部项目《汉羌山地村寨文化传承与发展研究》（12EH123）的后续研究项目，设计灵感源于北川羌族的独特建筑风貌，以及羌族建筑的特点。目的在于将羌族建筑的元素融入到文化创意产品中，让北川地区拥有属于自己的特色文化创意产品。

本设计案例以北川羌族建筑为设计元素，并进行衍生品设计。北川羌族的传统建筑是一种石砌碉房，主要建在半山坡。早在汉代，羌族人就根据居住地势建造了"依山而居，垒石为室"的碉房。用石头建造房子是为了防御需要，善骑射的羌族人即使定居下来以后，防守意识仍十分强烈，因此建造了碉房。后来羌族人逐渐用木结构的房屋代替了碉房，就是我们现在看到的羌族房屋样式。

二、设计目的和意义

（一）设计目的

（1）如何将羌族的建筑元素和现代的文创产品相结合，使之既保留了羌族的建筑特色，又符合现代工业产品的美观简洁特点。

（2）通过调查和自身经历，产品设计侧重于市场需求和大众的喜好。

（3）从造价、成本、便携性、实用性、适用性等角度进行倾向思考。

（二）设计意义

（1）从理论研究层面来讲，文化创意产品是一种蕴含了当地特色文化，又能与现代艺术相结合的一种独特的产品。文化是文化创意产品的灵魂，所以文化创意产品能更好地继承传统文化。

（2）从社会效益层面来讲，新的文化创意产品能更好地带动当地的经济发展和促进旅游业的发展，并继承和弘扬了北川建筑的传统特色元素。

（3）从设计创新的角度来讲，新的文化创意产品可以更好地继承和开发北川建筑的特色。通过色彩的重构，外形的精简与浓缩，提取其独特的建筑风格，再用现代的技术与审美可以更好地开发和运用传统文化。

三、前期调研

通过调研了解到目前市场上文化创意产品良莠不齐，随着人们生活质量的提升，消费者对文化创意产品的需求却在日益激增。简单的文化创意产品越来越难以满足人们的要求与需求，常见的问题有：文化创意产品过于老旧，不符合现代审美；文化创意产品体积过大，不易运输及携带；产品形式单一，甚至众多旅游区的文化创意产品同质化现象严重，产品几乎相差无几。

近年来，国内文化创意产业发展越来越成熟、稳健，文化创意产品如雨后春笋般涌现在消费市场上，并逐步占据了一定的市场份额。但是，并非所有的文化创意产品都有其真正的价值，存在部分产品形式语言表达不合理和产品的市场反应不能达到预期效果等问题。因此，打破常规思维成为开发文化创意产品的第一步，也是最为关键的一步，从而建立起成熟而完整的文化创意产品开发机制，号召社会力量参与到文化创意产品的开发中；其次，要注重文化创意产品的品牌建设，以专业化的运作模式经营和管理文化创意产品，必要时成立文化创意产业园，将文化、设计和产业结合在一起，有利于深入发掘文化资源背后的价值；最后，要缩小与消费者距离，产品要服务于消费者，定期组织活动收集消费者对于文化创意产品的建议和意见，只有这样才能开发出适应市场需求的文化创意产品。

本设计案例的问卷调查部分内容主要涉及以下三个问题（具体内容如图 6 - 58 所示）：

（1）外出旅游时你会购买文化创意产品为纪念品吗？

（2）如果会，一般会购买哪些文化创意产品？

（3）你更注重文化创意产品的哪些特征？

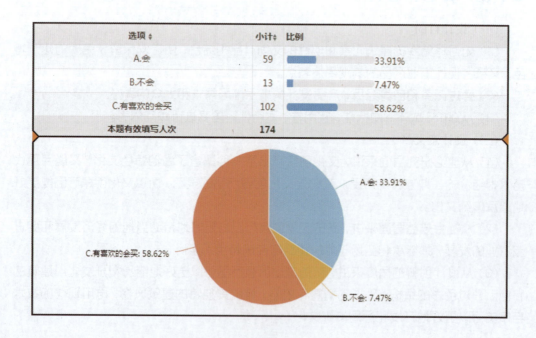

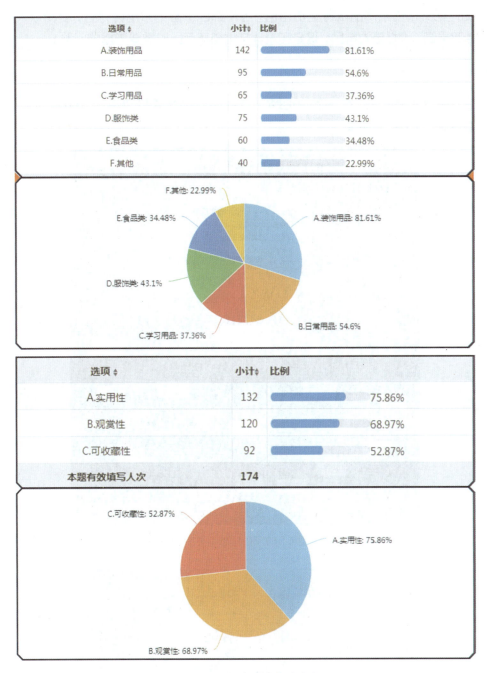

选项 ⇕	小计⇕	比例	
A.装饰用品	142		81.61%
B.日常用品	95		54.6%
C.学习用品	65		37.36%
D.服饰类	75		43.1%
E.食品类	60		34.48%
F.其他	40		22.99%

选项 ⇕	小计⇕	比例	
A.实用性	132		75.86%
B.观赏性	120		68.97%
C.可收藏性	92		52.87%
本题有效填写人次	174		

图 6-58　问卷调查部分内容

　　根据图 6-58 中的结论，结合市场调查，可以大致确定产品以装饰品为主要方向，尽可能控制产品的制作加工成本，在节约成本的同时考虑采用性价比高的材料和更加合理的结构。同时在外观上要符合现代美学，满足大多数人的需求，并且做到产品不是单纯的装饰品，而是使其有一定的实用价值，在达到这些条件的前提下，能体现北川建筑的特色。另外，产品要便于携带，受众群体尽可能扩大，使更多的人可以选择购买。

　　如何把文化创意产品做得更加出色，与传统的旅游纪念品区分开，使受众人群更广，档次更高，价格更为亲民，这是在设计文化创意产品时需要考虑的问题。

四、设计流程

　　设计流程包含设计思维导图（如图6-59所示）、创意草图（如图6-60所示）、定案草图（如图6-61所示）等。

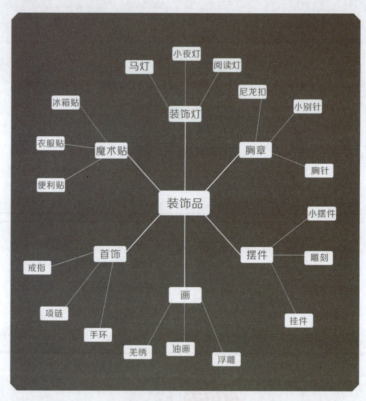

图6-59　设计思维导图

图6-60　创意草图

图 6 – 60 创意草图根据羌族的羌绣图案、祥云图案及羊头图案作为图案的创新元素设计。

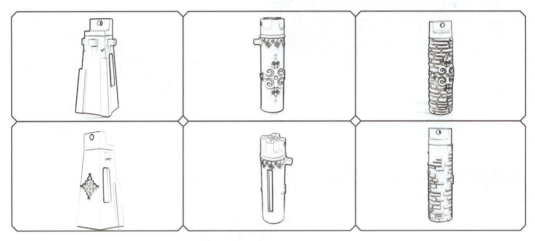

图 6 – 61　定案草图

图 6 – 61 定案草图以羌族的建筑物造型为基础进行产品的造型设计，并将创新出的图案在产品上进行了融合。

五、效果表达

效果表达包含产品效果图（如图 6 – 62 所示）、产品尺寸图（如图 6 – 63 所示）、环境效果图（如图 6 – 64 所示）、色彩方案图（如图 6 – 65 所示）等。

图 6 - 62 产品效果图

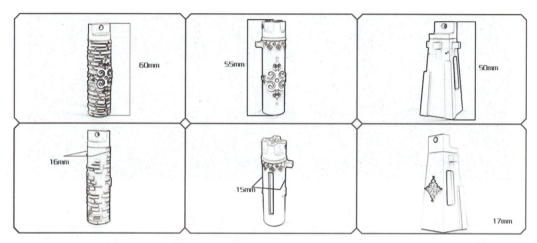

图 6-63 产品尺寸图

图 6-64 环境效果图

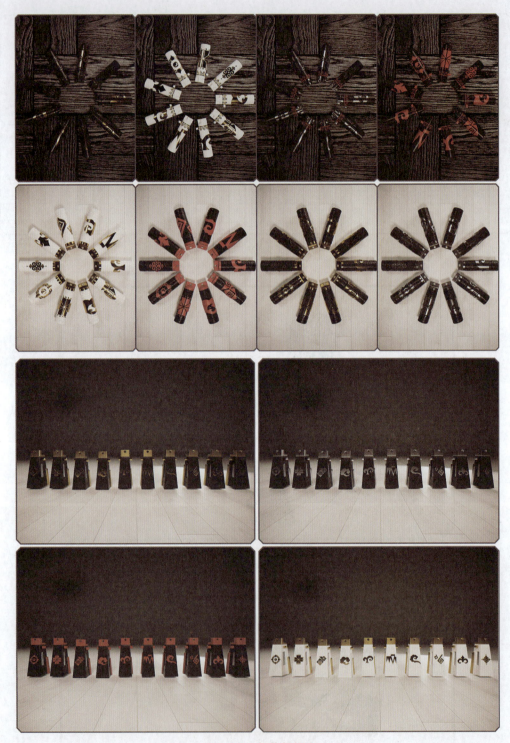

图 6 - 65　色彩方案图

　　本设计案例产品的颜色搭配根据产品的不同需要，进行了红、黄、黑、白四色搭配。

六、模型制作

模型制作包括模型制作流程（如图 6 - 66 所示）、实物模型展示（如图 6 - 67 所示）等。

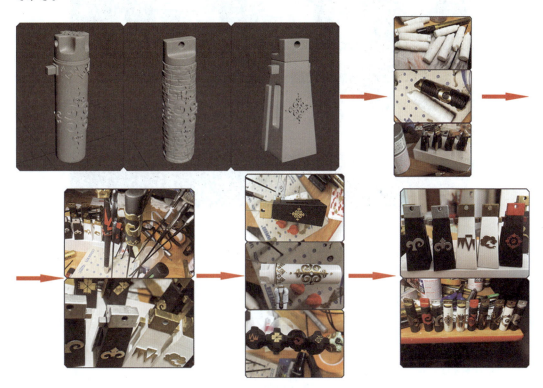

图 6 - 66 模型制作流程

图 6 - 66 为 3D 打印技术进行模型制作的流程。

图 6-67　实物模型展示

第五节　嫘祖文化的千年传承
——"萌星小蚕宝"的前世今生设计

项目策划：四川三江品源文化创意有限公司
项目指导：黄言涛　蒋飞燕　　设计制作：冯路洋
设计文案：何佳炜　　　　　　文稿校审：杨文琦　尹　洁
产权登记材料撰写：徐双双　汪莉萍　胡先莉

一、嫘祖文化简述

黄帝元妃嫘祖，相传原名为王凤，五千年前出生于四川盐亭县金鸡镇，是养蚕织丝的发明人。嫘祖墓在金鸡镇七村青龙山上，即现在嫘祖陵风景区所在地。

嫘祖文化代表了我国古代人民对美好生活的追求，以及对嫘祖的敬仰之情。嫘祖作为华夏文明的奠基人，其开拓创新、无私奉献精神是我国优秀民族精神的源头，也是东方女性形象的典型代表。嫘祖文化作为我国优秀传统文化传承至今，属于华夏上古文化、根文化的范畴，它不仅是中国的文化，更是世界的文化。

嫘祖文化有两个重要的组成部分，即嫘祖丝绸文化和嫘祖母亲文化。嫘祖文化创意产品"萌星小蚕宝"表情包的设计主要从嫘祖母亲文化出发，对嫘祖文化进行了拓展衍生设计。

二、"萌星小蚕宝"表情包简介

近几年，名人文化形成了一股热潮，各地都在发掘本地的历史名人，增加城市的文化底蕴。提到四川绵阳的历史名人，很多人第一印象是李白，其实除了李白，还有一位"大人物"，就是中华文化始祖之一——嫘祖，其肖像插画如图6-68所示。

图6-68　嫘祖插画

古人说"一方水土养一方文化"，绵阳这块风水宝地养育了嫘祖，绵阳人民也为之骄傲和自豪。

文化包含着继承与创新两个方面，因此不能只满足于自身丰富的文化底蕴，而且还要保证文化的良好传承。对文化进行必要的创新传承，把嫘祖文化推广出去，这是文化创意必须去思考的一个问题。

为此，四川三江品源文化创意有限公司的设计师们依据嫘祖养蚕缫丝的传说，结合现代流行的表情包文化，特地创作了一套表情包，取名为"萌星小蚕宝"。

1. 爱你

如图6-69所示"萌星小蚕宝"表情包1(爱你)中的小蚕宝敞开小手臂、甜蜜的微笑、泛红的脸颊、发亮的眼睛，这些欢快、跳跃的形象和颜色表达出见到爱慕之人时内心燃烧的喜悦。这个表情包线条柔和，形体圆润，突出了蚕的可爱形象。

图6-69　"萌星小蚕宝"表情包1(爱你)

2. 电你

如图 6–70 所示，"萌星小蚕宝"表情包 2（电你）中的小蚕宝嘴巴嘟起，左眼发亮，右眼闪烁，以及一个可爱的小星光的形象设计，生动刻画了年轻人喜爱卖萌的聊天表情。

图 6–70　"萌星小蚕宝"表情包 2（电你）

3. 洗白白

如图 6–71 所示"萌星小蚕宝"表情包 3（洗白白）中的小蚕宝上下挥动自己的"小手臂"并带出撺飞的泡沫，嘴巴大张，脸颊泛红，双眼迷离，都充分表达了戏水时的欢快与惬意。

图 6–71　"萌星小蚕宝"表情包 3（洗白白）

4. 晚安

如图 6–72 所示"萌星小蚕宝"表情包 4（晚安）设计中，深蓝的背景，黄色的月牙，提示到了该休息的时间；而小蚕宝肢体向外趴下，紧接着头缓缓地低下，慢慢地闭上眼，嘴微微地上扬，如果用一个字来总结这个表情包所表达的意思，那就是"乖"。

图 6–72　"萌星小蚕宝"表情包 4（晚安）

5. 白白

"拜拜"谐音"白白"。如图 6－73 所示"萌星小蚕宝"表情包 5(白白)，设计者生动地用"滚"的形态再次表达了蚕宝的可爱形象，它的整个身躯从右向左滚动，用行动表示离开。

图 6－73　"萌星小蚕宝"表情包 5(白白)

6. 吓死

在日常生活中，我们常常会受到惊吓。如图 6－74 所示"萌星小蚕宝"表情包 6(吓死)就是将蚕的形象与受惊状态相结合，设计了一个夸张的小蚕宝的受惊形象。在动态中还表现出了不同的受惊程度，完成了一个从开始受到惊吓反应到被吓倒的受惊过程。

图 6－74　"萌星小蚕宝"表情包 6(吓死)

7. 丑拒

如图 6－75 所示"萌宝小蚕宝"表情包 7(丑拒)中的小蚕宝左手拿着黑色手柄的红色圆形牌子，红色圆形牌子中央有个白色的"×"符号，表示拒绝、否定；牌子遮盖住了脸，表示不想见到对方，委婉地表达不同意对方的观点，表示拒绝别人的意思。

图 6－75　"萌星小蚕宝"表情包 7(丑拒)

8. 嗯嗯

在现代的交流中，一个"嗯"字，有点显得太过冷漠，而如果用"嗯嗯"回复的话，不仅不冷漠，还有点乖巧。如图 6－76 所示"萌星小蚕宝"表情包 8(嗯嗯)中的小蚕宝用可爱的动态点头表情表达自己已经明白或同意了对方的观点。

图 6-76　"萌星小蚕宝"表情包 8(嗯嗯)

9. 干嘛

如图 6-77 所示"萌星小蚕宝"表情包 9(干嘛)中的小蚕宝撅着胖乎乎的身子转过去,抬头回眸,手中拿着口红,小嘴鲜红,脸颊红润,正在梳妆打扮,从疑惑的眼神中表达出此时内心的惊讶和疑问。

图 6-77　"萌星小蚕宝"表情包 9(干嘛)

10. 给你花

如图 6-78 所示"萌星小蚕宝"表情包 10(给你花)中的小蚕宝头部带了一圈大红色花瓣,头部左右摇晃,小嘴大张,表现出高兴、欢喜的神态,炯炯有神的大眼睛看着你,仿佛正在对你说"我把自己当成花儿送给你"。

图 6-78　"萌星小蚕宝"表情包 10(给你花)

11. 小心心

如图 6-79 所示"萌星小蚕宝"表情包 11(小心心)中的小蚕宝胸前的小红心从胸膛慢慢移至嘴部,红心颜色由浅到深、形状由小到大,眼睛由圆变成方形,从眼睛可以看出充满了甜蜜感,表达了一种爱意。

图 6-79 "萌星小蚕宝"表情包 11(小心心)

12. 滚

在生活中,我们总有情绪爆发的时候。如图 6-80 所示"萌星小蚕宝"表情包 12(滚)中的小蚕宝双手环抱,头偏一边,一副气呼呼的样子,依然那么可爱。用小蚕宝这个表情来表达生气情绪时,会使原本带有强烈刺激性的话语,变得没那么强烈,能让对方明白自己心意的同时,也避免了交流时过于尴尬。

图 6-80 "萌星小蚕宝"表情包 12(滚)

13. 很开心

如图 6-81 所示"萌星小蚕宝"表情包 13(很开心)中的小蚕宝萌傻、俏皮的动态表情,表达出对遇到的人或事物的兴奋态度,将"很开心"的神态用极富画面感的动态形式体现出来。从小蚕宝眼睛里可以看出心中充满了喜悦,头部周围闪烁着星光点点代表了一种开心到眼冒星光的场景。

图 6-81 "萌星小蚕宝"表情包 13(很开心)

14. 记仇

如图 6-82 所示"萌星小蚕宝"表情包 14(记仇)中的小蚕宝右边两只触手拿着蜡笔,

小嘴微嘟，脸颊晕红，头微低，右眼眼角带泪，表达了委屈神态；用手里的蜡笔在胸前从左至右画了一条黑线，表示正在把"仇"记录下来，傲娇地表达了自己的委屈。

图6-82 "萌星小蚕宝"表情包14(记仇)

15. 加油

如图6-83所示"萌星小蚕宝"表情包15(加油)中的小蚕宝头戴一个"奋斗"字样的发带，挥舞触手，表情兴奋，就像为他人加油打气一样，一边挥着手一边呐喊着加油。整体设计线条柔中带刚，表达出果断、干练、奋斗的精神，可看出小蚕宝拥有的不仅仅是可爱。

图6-83 "萌星小蚕宝"表情包15(加油)

16. 委屈

如图6-84所示"萌星小蚕宝"表情包16(委曲)中的小蚕宝匍匐于地，四肢上下晃动，眼睛闪烁，眉毛向内紧皱，眼泪哗哗地往下流，眼泪流了一地；头部右上方"委屈"两字则直接表达出了委屈的心情，在动态中略显柔弱感。

图6-84 "萌星小蚕宝"表情包16(委屈)

17. 困啦

如图6-85所示"萌星小蚕宝"表情包17(困啦)中的小蚕宝萎靡不振，嘴巴微张，脸颊带红，眼睛由上到下慢慢变窄且下方带着灰色眼袋，表现出精神萎靡，两眼犯困的状态;不断的"点头"动作,是打瞌睡犯困的体现。当我们想表达"想休息了"这一意思时,就可以用小蚕宝这个表情来帮我们表达。

图 6-85　"萌星小蚕宝"表情包 17(困啦)

18. 满足

因为蚕宝最喜欢吃桑叶,因此设计者设计了小蚕宝吃桑叶时"满足"的表情。如图 6-86所示"萌星小蚕宝"表情包 18(满足)中的小蚕宝左脸颊不断抖动,两只眼睛都眯着形成了方形,表达了内心的一种满足感。

图 6-86　"萌星小蚕宝"表情包 18(满足)

19. 生病了

如图 6-87 所示"萌星小蚕宝"表情包 19(生病了)中的小蚕宝身体被红色被子裹着,脸通红,眼睛眯着,左眼角夹着泪珠,眉毛向内紧皱,头上还顶着一块冰块,看起来真的很不舒服;两旁画着四条波浪形的线段,体现出小蚕宝正在颤抖,用此表情表达身体状况,更显可爱。

图 6-87　"萌星小蚕宝"表情包 19(生病了)

20. 帅

如图 6-88 所示"萌星小蚕宝"表情包 20(帅)中的小蚕宝为了显示自己的帅气,摆了一个 Pose：两手交叉置于胸前，嘴巴上扬并微微倾斜，脸颊微微泛红，带着墨镜，并闪着反光，同时墨镜边也闪着黄色星光。

图 6 – 88　"萌星小蚕宝"表情包 20(帅)

21．无聊

如图 6 – 89 所示"萌星小蚕宝"表情包 21(无聊)中的小蚕宝脸上露着不高兴的表情，左侧还有省略号飘走的动作，嘴巴嘟起，脸颊泛红，两眼平视，眼睛下部呈弧形，眼睛上部分成水平状态，更突出了它一脸无奈的表情。

图 6 – 89　"萌星小蚕宝"表情包 21(无聊)

22．下雪啦

如图 6 – 90 所示"萌星小蚕宝"表情包 22(下雪啦)中的小蚕宝四肢向外敞开，脖子围着一条红色的围巾，嘴巴大张露出舌头，两眼大睁冒着光芒，表达了喜悦、兴奋的表情；头部上方的蓝色雪花由上而下降落，此表情表达了见到雪的喜悦心情。

图 6 – 90　"萌星小蚕宝"表情包 22(下雪啦)

23．新年快乐

如图 6 – 91 所示"萌星小蚕宝"表情包 23(新年快乐)中首先出现的是舞狮子的头部，且狮子眼睛上下眨动，然后从下方蹿出小蚕宝，上下挥动着手臂，表达出欢快的心情；红色的舞狮，体现了新年的喜庆气氛。

图 6 - 91 "萌星小蚕宝"表情包 23(新年快乐)

24. 晕

如图 6 - 92 所示"萌星小蚕宝"表情包 24(晕)中的小蚕宝四肢垂下,并且随着身子左右摇晃,表现出了站立不稳的样子;嘴巴紧闭,脸颊泛红,两眼成螺旋状,头顶上环绕着一圈黄色星星,表达了头昏脑胀的神志。

图 6 - 92 "萌星小蚕宝"表情包 24(晕)

三、知识产权登记

在互联网时代,信息的传播十分迅速,常常需要对自己的产品申请法律保护和对自己的权益进行维护。要保护自己应有的权利就必须有一定的法律知识,防患于未然。

"萌星小蚕宝"的知识产权登记是对创作公司应有权益的强力保护,为"萌星小蚕宝"表情包的后续发展避免了产权纠纷的麻烦,能够更快速地推动"萌星小蚕宝"表情包衍生品的发展和传播。

"萌星小蚕宝"表情包系列作品登记证书号为:川作登字 - 2019 - F - 00025143 至 00025166,如图 6 - 93 所示。

图 6-93 "萌星小蚕宝"表情包作品登记证书样本

四、上线腾讯平台

　　"萌星小蚕宝"表情包根据腾讯微信、QQ 平台表情包上线要求，对资料进行了逐一完善，并成功上线，通过扫描如图 6-94 所示二维码即可下载使用。

微信扫一扫把萌星小蚕宝领回家　　QQ扫一扫把萌星小蚕宝领回家

图 6-94 "萌星小蚕宝"表情包下载二维码

思　考　题

　　1. 收集身边有关文化创意产品设计的案例，并分析其优缺点。

　　2. 对本章提供的案例，你有什么想法？

　　3. 你最喜欢"萌星小蚕宝"表情包中的哪一款表情，并阐述喜欢的理由。

　　4. 通过本章案例的学习，你对文化创意产品设计有什么新的想法，有没有可实现的思路。

第七章　文化创意产业的发展前景

我国文化产业的发展分为三个阶段：第一阶段是 1949 年到 2002 年，该阶段可称为文化事业阶段；第二阶段是 2002 年到 2012 年，该阶段是文化产业的初级阶段；第三阶段是 2012 年至今，是真正的文化事业＋文化产业阶段。

从中国文化创意产业的现状来看，其还处于低级阶段，发展空间很大。从各级政府已经出台的扶持文化创意行业发展的政策来看，文化创意产业在未来五年会是一个快速发展的阶段。虽然文化创意产业大趋势较好，文化创意产业发展速度较快，但目前仍存在不少的问题，例如，文化产业起步晚，与国外同行业水平仍有不小的差距。

本章主要从国家层面的宏观指导与政策引导、文化创意产业市场的形成两大方面进行阐述，其中市场的形成分为七个方面进行详细分析。随着一批优秀文化创意企业的崛起，将不断有好的产品达到行业领先水平。传统文化的继承者们也与时俱进，不断有极具设计感的传统手工艺品进入人们的生活，像故宫文创等一批企业将传统文化加以现代设计的优秀品牌脱颖而出，为行业树立了良好的榜样。在不久的将来，我国的文化创意产业将处于世界领先水平。

第一节　宏观指导与政策引导

一、文化创意产业的中长期规划与宏观政策指导

大力发展文化创意产业，是全面落实科学发展观，加快转变经济发展方式的重要战略之一，也是促进文化发展大繁荣，提高文化软实力的重要推动力量。

为了满足人民日益增长的美好生活需要，必须要坚持中国特色社会主义文化发展道路，坚持把社会效益放在首位，坚持社会效益和经济效益相统一。从中央到省、市、区、县的各个层面都应根据实际情况为文化创意产业的发展做中长期规划，提供宏观政策指导，提供项目孵化平台、产业交流平台、市场转化平台、国内外展示平台等，为文化创意产业的发展保驾护航。

随着传统文化的复兴，传统文化的传承与发展逐步成为各级政府重要任务之一。孔

子学院、"一带一路"项目等把中华文化推向了国际，拉近了中国与世界的距离，为文化创意产业的出口奠定了基础。

在文化创意产业发展的初级阶段，由于法律、规章制度体系不够健全，出现了阻碍文化创意产业发展的各种因素，比如原创保护力度不够，政策落实不到位，创新意识不足，团队建设不完善等。要使文化创意产业健康发展，就要在汲取以往经验和其他国家、地区文化创意产业发展经验的基础上，完善法律、规章制度体系，绘制发展蓝图，提供发展保障，维护文化创意工作者的权利，支持文化创意产业多元化发展。

二、文化创意产业区域激励政策的拟定与落实

从产业分布情况来看，我国文化创意产业的分布极其不均匀，主要集中在人才密集的经济发达地区。目前已初步形成六大文化创意产业聚集区：一是首都文化创意产业区；二是以上海为龙头，包括杭州、苏州、南京的长三角文化创意产业区；三是以广州、深圳为代表的珠三角文化创意产业区；四是以昆明、丽江和三亚为代表的滇海文化创意产业区；五是以重庆、成都、西安为代表的川陕文化创意产业区；六是以武汉、长沙为代表的中部文化创意产业区。与此同时，在一些经济相对落后的地区，虽然有深厚文化底蕴和丰富的历史文化资源，但受地方经济的发展水平影响，或地理位置的限制，这些政府未将文创产业发展纳入地方发展规划当中。一些地方当地政府对文创产业的认识较为浅薄，没有意识到文化创意产业的发展对地方社会、经济、文化发展的重要性，从而未能将资源优势转化为产业优势，导致了文化创意产业发展速度较慢。

现如今，传统文化的传承与发展已经提到主流意识层面，人们对精神文化的需求持续高涨，并朝着多元化、特色化的趋势发展。国家对文化艺术方面的人才培养和人才储备越来越重视，将会有一大批喜欢传统文化的创新设计人才加入到传统文化的创新与设计开发队伍中来。

每一个城市的文化创意产业发展都应具有本地历史文化特色，凸显本地个性，以促进文化创意产业市场的多样化发展。拟定符合当地的区域文化发展激励政策，并落实到位，是对文化创意产业发展的推动，也是激发创作灵感和构建项目团队的有效途径之一。

第二节　文化创意产业市场的形成

一、创作团队的融合

文化创意产业的主力军是创作团队，构建符合文化创意产业需求的创作团队是首要任务。创作团队的构建需建立在融合多方资源的基础上，发挥政府、行业协会的政策性引导作用和高校的原创优势，激发企业的市场开发与运作潜能。

文化创意产业项目创作团队成员是多元化的，需来自政府、行业机构、高校、企业等各个层面，达到优势互补、合作共赢的效果。将具有原创潜力的高校团队、具有市场

眼光的企业团队、具有政策引导和项目激励的政府、行业机构团队等融合在一起，产生创作灵感，激活市场，引导消费。单靠其中任何一方，则创业团队就不完整，文化创意项目也难以商业化、市场化和持久化。

文化创意工作团队不仅需要设计人才的加入，而且策划人才、营销人才、文学人才同样不可或缺。能力全面的文化创意团队能够在项目实施过程中更好地解决各种问题，从项目分析，文化解读，产品设计，生产制作，到推广营销，均能根据文化创意团队的人员能力进行分工合作。

二、资金投、融资的导向

文化创意产业的发展同样需要启动资金、运作资金。目前许多资金投、融资人并未对文化创意产业产生太大兴趣，或许是因为对产业的不了解，或者是投资观念中没有文化创意产业这一概念，或者是处于观望状态等。

政府文化创意专项经费的设立，能扶持文化创意产业的发展；社会资本的介入会促进文化创意产业的发展。文化创意产业的发展繁荣离不开资本的介入，政府层面应增加激励文化创意产业发展的经费预算，为文化创意产业的发展提供研发保障。在文化创意产业发展到一定程度时，才会引起投、融资机构的关注，从而引导社会资金助力区域文化创意产业的发展。

2009年7月国务院出台了《文化产业振兴规划》。其中第一项就是加快发展文化创意产业，这表明我国已经将文化创意产业与国家发展紧密联系在一起了，明确了文化创意产业在国家经济发展中的重要性。同时，文化创意产业的兴起也吸引了许多企业、民间资本家的投资热潮，在传播优秀文化的基础上，也带动了全国经济发展。社会力量虽然已经在加大对文化创意产业的关注，但还存在着许多诟病。伴随着产业的发展，我国正在建立完善的信用担保体系，为中小企业融资创造条件。政府也在出面组建担保机构，促进中小企业发展，让社会闲置的资金流向金融系统，提高资金的使用效率，为文化创意产业的发展助力。另外，通过行业协会，建立互助性担保机构，相互扶持，达到全面发展的目的。

三、文化创意产业市场活力的激发

文化创意产业的市场是需要激发和引导的，而不是坐等市场的接受。文化创意产业项目创作团队在确保研发资金充足的前提下，要形成文化创意项目策划、设计、制作、生产、包装、品牌、营销、推广的产业链。

文化创意产业链的形成，将会促进各种各样的文化创意产品、区域文化特色产品、农副业产品品牌、旅游景点特色产品，以及文化活动、特色民宿等出现，对于刺激本地文化创意市场、旅游市场都有积极作用，进而达到拓展市场的目的。

四、拉动区域经济

文化创意产业链的形成，势必拉动区域经济发展，增强旅游业活力，扩大文化旅游品牌的知名度。国家文化部和旅游部合并成文化旅游部，意味着我国已经构建了"文化＋旅游"的发展模式。文化依托旅游产业的发展进行传播，可促进游客的文化消费和扩大区域文化的大众认知度。

文化创意产业的繁荣发展，不仅带动了旅游业的发展，还有利于本土区域文化的传承与发展。现在越来越多的游客来旅游区体验消费，在旅游中感知文化魅力，在文化赏识中提升旅游品质。文化的传承与发展和旅游的繁荣与昌盛，能够拉动区域经济发展和提升区域文化旅游品牌建设。

五、配套产业的发展

文化创意产业不是单独存在的，而是需要各方资源的配套介入。好的创意产品需要一个好的宣传方式和推介渠道；一个新生品牌的推广需要一个好的推广点和宣传形式；一个有意义的活动需要策划与展演团队的配合。文化创意产业的健康发展，跟配套产业的发展分不开。文化创意产品好比和谐号列车，如果没有高质量铁路网的构建，和谐号列车也只能在有限范围内行驶。

在文化创意产品的制造、推广、销售阶段也需要相关产业辅助。目前文化创意产业市场有许多配套产业出现，但是因为发展较迟缓、技术不过关、制作成本较高等问题导致部分文化创意设计不能顺利地制作出来，推向市场。因此在发展文化创意产业的同时，也应该注意相关产业的发展，为更多的文化创意设计提供便利，以节约成本。

六、产业链健康发展

文化创意产业链的健康发展不仅需要团队内部的融合、资本的介入、配套产业的发展，还需要配套政策与市场监管等。

配套政策为文化创意产业发展保驾护航，市场监管确保文化创意产业有序发展。政策激励、资金支持、成果认可都是鼓励项目团队进行项目研发的动力。良性市场环境有利于原创文化创意产品充分发挥价值，避免投机取巧行为的出现。配套政策的出台是对文化创意项目成果的认可与支持，为文化创意工作者指明了方向，带来了动力。

市场监管对每一个行业来说都十分重要，严密的市场监管才能保证市场的正常运作。我国文化创意产业市场因为发展较迟，行业发展方式独特等原因，一些旧的、普通的行业监管制度已不能完全适用文化创意产业的发展，因此为了保证文化创意产业的健康发展，保持可持续发展的状态，就必需根据文化创意产业的独特性改进监管制度。文化创意产业是以创意为核心，以知识产权、科技和文化为依托的产业，需对知识产权进行严密的监管，以此保证文化创意工作者应有的权益。

七、跨界融合的发展

（一）文化创意产业＋互联网

文化创意产业的跨界融合发展将有利于文化创意产业的资源融合。比如文化创意产业＋互联网利用互联网受众广、传播快的特点，为文化创意产业造势，吸引大众关注。

在互联网时代，大众通过手机、电脑等工具，利用互联网获得想要的信息。文化创意产业是注重创新、紧跟时代的产业，与互联网的结合是必由之路。通过互联网的宣传推广，可使大众对文化创意产业有一个清晰的认知，逐渐接受文化创意活动与产品；利用互联网可增进大众对文化创意产业的了解，缩短新的文化创意产品进入大众生活的周期；利用互联网可打造文化创意产品专业销售平台，提升文化创意产品质量，完善行业标准和促进文化创意产业市场健康发展。

互联网的利用为文化创意产业的信息收集带来巨大的便利。比如收集大众对产品进行购买、评价、使用反馈等方面信息，通过对信息的整理和统计，掌握消费倾向、发展趋势、流行动态等信息，为后续产品设计提供创作方向。

（二）文化创意产业＋科技

目前我国市面上的文化创意产品存在大量贴图、复制现象，例如很多文化创意工作者、文化创意团队的创意被盗版、抄袭。这种现象不利于文化创意产业的健康发展，极易打击文化创意工作者的积极性，导致产业内部秩序混乱。因此，每个项目团队不仅应该具有知识产权登记和保护意识，还需拥有自己的核心技术。核心技术的利用从根本上抑制了抄袭产品的泛滥，有利于维护文化创意市场秩序和保护文化创意工作者的应有权益。在相关政策引导下，科研机构与文化创意产业项目团队应组建联合研发团队，打造独一无二的核心技术。具有核心科学技术的文化创意产品更易打造专有标识，创建自有品牌，更利于文化创意产品的推广和销售。

（三）文化创意产业＋论坛＋赛事

文化创意产业同样需要进行文化学术的研究，因此将文化创意产业与学术论坛、学术赛事相结合，更有助于文化创意产业中的文化内涵发挥更大的作用。通过举办文化创意专题学术论坛，分享成果，交流经验，为文化创意产业的发展建言献策。学术论坛的成果将为文化创意项目的开展指明方向，开阔视野。通过举办文化创意专题赛事，汇集创意，碰撞设计灵感，交流设计点，为文化创意产品的开发提供原创思路。

学术论坛与赛事不要仅局限于学术交流、思维碰撞、原创汇集，更要对优秀传统文化进行传承创新，让传统文化成为学术关键词和设计创作源点，并涌现出符合当代需求的文化解读，获得具有新时代特色的文化创意设计灵感，发掘年轻的优秀文化创意人才，为文化创意产业的发展持续不断地提供新的学术观点、优秀人才、原创思路和活力。

思　考　题

1. 从管理者角度结合本地文化创意产业发展情况，思考如何激励本地文化创意产业的发展。

2. 描述一下你心目中的文化创意产业市场蓝图。

3. 以本地区域文化为主题，写一份文化创意设计项目策划书。

4. 列举你认为可以落实的文化创意产业融合渠道，并简要说明。

参考文献

[1] 罗钢. 文化研究读本[M]. 北京：中国社会科学出版社. 2000, 09.

[2] 李思屈, 李涛. 文化创意产业概论[M]. 3版. 杭州：浙江大学出版社, 2014.

[3] 洛可可创新设计学院. 产品设计思维[M]. 北京：电子工业出版社, 2016.

[4] 卜宪群. 中国区域文化研究（第一辑, 创刊号）[M]. 北京：社会科学文献出版社, 2019(04).

[5] 林艺, 刘涛. 区域文化导论[M]. 北京：清华大学出版社, 2015.

[6] 宫长为, 高建伟. 嫘祖文化论文集[M]. 北京：中国华侨出版社, 2018.

[7] 刘震元. 产品设计程序与方法[M]. 北京：中国轻工业出版社, 2018.

[8] 吴朋波. 旅游纪念品设计[M]. 北京：人民邮电出版社, 2014.

[9] 郑建启, 李翔. 设计方法学[M]. 北京：清华大学出版社, 2012.

[10] (美)诺曼. 设计心理学[M]. 何笑梅, 欧秋杏, 译. 北京：中信出版社, 2015.

[11] 王月辉, 杜向荣, 冯艳. 市场营销学[M]. 北京：北京理工大学出版社, 2017.

[12] 高瞩. 工业产品形态创新设计与评价方法[M]. 北京：清华大学出版社, 2018.

[13] 刘文清. 五步构建销售渠道[M]. 延吉：延边人民出版社, 2010.

[14] 黄言涛, 刘红英, 屈慧玲. 绵阳文化创意产品设计与开发策略研究[J]. 中外企业家, 2017(12):36-38+40.

[15] 黄言涛. 学分制条件下产品设计专业指导教师制教学模式实践与分析[J]. 工业设计, 2016(11):62-65.

[16] 黄言涛, 尹洁. 基于"政用产学研"合作模式的设计类应用型人才培养方案策略研究[J]. 工业设计, 2019(07):39-41.

[17] 黄言涛. 古典园林与文化创意产业融合与创新发展思路研讨[J]. 园林, 2018(z1):59-62.

[18] 黄言涛. 学分制条件下设计类应用型培养人才的思考[J]. 艺术品鉴, 2015(07):331.

[19] 黄言涛. 学分制条件下专业实践课课程建设的思考[J]. 品牌, 2015(02):263+265.

［20］黄言涛，刘红英. 独立学院产品设计专业方向实践教学模式探析［J］. 中国科教创新导刊，2014(05):5-6.

［21］黄言涛. 学分制条件下，专业理论课教学改革的思考:以设计心理学为例［J］. 时代教育，2014(01):145-146+149.

［22］黄言涛. 浅谈高中学习向大学学习的转变［J］. 科技创新导报，2010(04):221-223.

［23］黄言涛. 浅谈大学生应该学什么［J］. 才智，2008(20):57-58.

［24］左云，陈菲，孔敬，等. 区域文化与旧城改造的扬弃与应用［J］. 建筑技术，2018,49(02):127-130.

［25］范振坤. 区域文创赋能的设计思考［J］. 设计艺术研究，2018,8(04):76-80.

［26］周秋光. 区域文化研究如何走向深入［J］. 南京社会科学，2019(01):56-60.

［27］周文. 基于区域资源与文化艺术融合的区域品牌构建［J］. 艺术科技，2019,32(03):202-203.

［28］李义杰. 推进区域"文化+制造业"融合发展研究［J］. 文化艺术研究，2019,12(01):31-40.

［29］胡玥. 旅游经济与区域文化的协调互动分析［J］. 现代商贸工业，2019,40(09):21-23.

［30］孙虎鸣. 探寻产品设计草图的特征与表现方法［J］. 工业设计，2017(03):134-135.

［31］江卓霖. 无形文化的生命力:以四川盐亭县嫘祖文化开发打造为例［J］. 成都大学学报(社会科学版)，2009(03):54.

［32］2018-06-21. John Howkins 于成都"2018世界文化名城论坛:天府论坛"的演讲.

［33］孔子学院总部/国家汉办 http://www.hanban.edu.cn/.